新媒体写作与传播

陈　浪　著

哈尔滨出版社
HARBIN PUBLISHING HOUSE

图书在版编目(CIP)数据

新媒体写作与传播/陈浪著. — 哈尔滨：哈尔滨
出版社，2023.10

ISBN 978-7-5484-7606-1

Ⅰ. ①新… Ⅱ. ①陈… Ⅲ. ①新闻写作—研究②新闻
学—传播学—研究 Ⅳ. ①G21

中国国家版本馆 CIP 数据核字(2023)第 192742 号

书　　名：新媒体写作与传播
XINMEITI XIEZUO YU CHUANBO

作　　者：陈　浪　著
责任编辑：李金秋
装帧设计：中图时代

出版发行：哈尔滨出版社(Harbin Publishing House)
社　　址：哈尔滨市香坊区泰山路82-9号　　邮编：150090
经　　销：全国新华书店
印　　刷：三河市嵩川印刷有限公司
网　　址：www. hrbcbs. com
E - mail：hrbcbs@ yeah. net
编辑版权热线：(0451)87900271　87900272
销售热线：(0451)87900202　87900203

开　　本：710 mm×1000 mm　　1/16　印张：10.25　字数：111 千字
版　　次：2023 年 10 月第 1 版
印　　次：2024 年 1 月第 1 次印刷
书　　号：ISBN 978-7-5484-7606-1
定　　价：68.00 元

目　录

第一章　新媒体与新媒体写作概述 ……………………………… 1

第一节　网络与新媒体 ………………………………………… 1

第二节　新媒体写作概述 ……………………………………… 14

第二章　新媒体新闻与写作 ……………………………………… 26

第一节　新媒体新闻 …………………………………………… 26

第二节　新媒体新闻写作方法 ………………………………… 38

第三章　新媒体微文学作品写作 ………………………………… 42

第一节　新媒体微文学概述 …………………………………… 42

第二节　新媒体微文学文本写作 ……………………………… 43

第四章　新媒体"微"剧情作品写作 …………………………… 53

第一节　新媒体微纪录片写作 ………………………………… 53

第二节　新媒体微电影写作 …………………………………… 65

第三节　新媒体网剧写作 ……………………………………… 76

第四节　新媒体短视频写作 …………………………………… 85

第五章　自媒体平台的写作 ……………………………………… 91

第一节　自媒体概述 …………………………………………… 91

第二节　自媒体文本写作 ……………………………………… 103

第六章　新媒体传播概述 ……………………………………… 115

　第一节　新媒体传播的特征 ……………………………… 115

　第二节　新媒体传播与版权 ……………………………… 119

　第三节　新媒体传播的模式 ……………………………… 125

　第四节　新媒体的属性与优势 …………………………… 133

第七章　文化视野下的新媒体传播 ………………………… 140

　第一节　新媒体时代的跨文化传播 ……………………… 140

　第二节　大众文化的新媒体传播 ………………………… 143

第八章　新媒体的视觉艺术 ………………………………… 147

　第一节　新媒体的视觉传达 ……………………………… 147

　第二节　新媒体艺术的视觉表达特征 …………………… 150

　第三节　新媒体艺术的表达方式 ………………………… 152

　第四节　新媒体的审美艺术 ……………………………… 155

参考文献 ……………………………………………………… 158

第一章　新媒体与新媒体写作概述

第一节　网络与新媒体

一、网络的概念

网络是指由节点和连线构成，使各类孤立的机器或个体相互关联，可传输、接收并共享的一种系统样态。"网络"一词的使用广泛而久远，生活层面常见的有交通网络、服务网络等，社会层面常见的有人际网络、政治网络等，传播层面有电信网络、有线电视网络、计算机网络（俗称"三网"）。

计算机网络是用通信线路和通信设备将分布在不同地点的多台计算机连接起来，按照共同的网络协议，实现互联互通、软硬件资源共享的系统。1969 年，美国高级研究计划署（ARPA，Advanced Research Project Agency）开始建设一个名为 ARPANET 的网络，把美国的几个用于军事及科研的电脑主机连接起来，以备战争军事之需。

从硬件技术层面看，网络的发展经历了四个阶段。

第一阶段：20 世纪 60 年代早期出现的第一代远程网络，只能做到连接终端与主机，终端与终端之间无法通信。

第二阶段：20 世纪 60 年代中期，进入局域网阶段，电路交换和分组交换已经实现，多个主机可以互联，计算机与计算机之间也可以联通，终端用户可以访问主机和其他计算机上的软硬件资源。

第三阶段：随着万维网、TCP/IP 协议的诞生，计算机进入广域的互联网阶段，不同类型、不同规模、不同样式、不同地理位置的计算机可以连接为一个整体，进行通信和信息交换与共享。

第四阶段：以高速、多业务、大数据量为核心的高速互联网时代到来，拥有有线网络和无线网络以及通过传感器连接的物联网出现。正在发展的还有车联网、语义网、智能互联网等。

网络是一种架构，也是一个系统。要想构建起一个网络，需要无数个节点以及运行于系统中的各种应用。节点就是我们现在看到的各类终端，传统的有台式电脑、笔记本电脑、上网本、平板 PC 二合一电脑、手机、平板电脑、电视屏等，新兴、时尚的有各种可穿戴设备，包括眼镜、手表、手环、项链、运动鞋等。应用则是五花八门，有传统 PC 端的网站、论坛、博客、微博、电商、游戏，也有移动端的各类应用产品，以及开放平台上的上百万插件。今天的互联网络似乎是一个筐，什么都能往里装。因此，新媒体只是这个筐里的一个产品。

二、新媒体的概念

一直以来，对于新媒体这一概念众说纷纭，业界和学界各执一词，都尚未给出一个标准化的定义。下面简单罗列一些曾有的"新媒体"定义。

"新媒体这一概念可以从内涵和外延两个方面进行界定。就其内涵而言，新媒体是指在 20 世纪世界科学技术获得巨大进步的背景下，在社会信息传播领域出现的建立在数字技术基础上的能使传播的信息大大增加、传播速度大大加快、传播方式大大丰富的，与传统媒体迥然相异的新型媒体。就其外延而言，新媒体主要包括光纤电缆通信网、都市型双向传播有线电视网、图文电视、电子计算机通信网、大型电脑数据库通信系统、通信卫星和卫星直播电视系统、高清晰度电视、互联网、手机短信和多媒体信息的互动平台、多媒体技术以及利用数字技术播放的广播网等。"①

"新媒体是一个相对的概念，是在报刊、广播、电视等传统媒体以后发展起来的新的媒体形态，包括网络媒体、手机媒体、数字电视等。新媒体亦是一个宽泛的概念，是利用数字技术、网络技术，通过互联网、宽带局域网、无线通信网、卫星等渠道，以及电脑、手机、数字电视机等终端，向用户提供信息和娱乐服务的传播形态。严格地说，新媒体应该被称为数字化新媒体。"②

美国《连线》杂志对新媒体的定义为："所有人对所有人的传播。"

联合国教科文组织对新媒体的定义为："以数字技术为基础，以网络为载体进行信息传播的媒介。"

除了上述定义，还有各种关于新媒体的"论"说，如功能论、应用论、数字论等。

关于新媒体，一个基本的共识是其有两个显著特征：其一是技术的特征，包括网络技术、数字技术、移动技术、云计算技术、智能技术等

---

① 蒋宏，徐剑. 新媒体导论［M］. 上海：上海交通大学出版社，2006：14.
② 匡文波. "新媒体"概念辨析［J］. 国际新闻界，2008（6）：66.

已经出现或未来会出现的技术，其二是媒体的属性，无论是网站、客户端还是其他应用，必须具备媒体的功能、价值、传播链和传播效果等。

三、网络与新媒体

分别认识和理解了网络与新媒体后，对于教育部设置的"网络与新媒体"专业，就可以从以下两个方面认识。

第一，网络是基础设施，新媒体是建立在基础设施之上的一类应用。如果说把网络比喻为信息高速公路，那么新媒体就是跑在高速公路上的车。在这条高速公路上，除了新媒体这类车，还有电子商务、游戏、搜索引擎等各类车辆。从技术角度看，网络这一基础的信息高速公路在不断翻修、升级，路面越来越宽，条件越来越好，因而跑在高速路上的新媒体这种车也就越来越多，样式也越来越新，并且越来越需要适应这条路的发展。

第二，网络被认为是基于有线网络的、以 PC 计算机为终端的 Web 网上的各类网站及社交媒体，新媒体被认为是基于移动网络的、以手机或 Pad 为终端的 Wap 网及各类应用。网络与新媒体被认为是分属两个阶段的不同的互联网网站或应用，都属于以互联网技术、数字技术作为支撑的新传播平台或新媒介形态。

总之，对网络与新媒体的认识，要用动态的思维，从网络与数字技术动态发展的逻辑出发，理解网络与新媒体的内涵与外延。因此，不需要拘泥于其一定要有个固定不变的含义。其实，把握住网络与新媒体的技术特征、传播特性更为重要和有意义。

四、网络与新媒体的传播特征

互联网是计算机技术、网络技术和数字通信技术相结合的产物。了解网络与新媒体的传播特性，一方面，需要了解互联网的技术特征以及这些技术特征赋予互联网的多重功能；另一方面，需要审视基于这些功能构建起的互联网多平台，而新闻传播平台只是其中的一种。但是，网络与新媒体的技术特性与新闻传播的要求几乎是无缝对接的，其在新闻传播层面得到了最大化的发挥和呈现；开放性、超文本、超链接、超时空、交互性、大数据的特征体现出新闻资讯传播快速及时、大范围覆盖、实时互动等要求。

（一）互联网的技术特性

自互联网诞生之日起，网络与新媒体就被贴上了"自由、平等、开放、共享"的标签，这些标签成为人们认识和发掘其特性的钥匙。从目前对网络技术、计算机技术和数字通信技术的开发上看，我们认为互联网具有六大技术特性。

1. 开放性

这是互联网最本质的特性，也是其他一切技术特性的基础。网络的开放性表现在系统开放、传播开放、用户开放三个层面。系统开放包括不同硬件共存、不同软件系统共存、不同网络共存；传播开放包括时空开放、信源开放、信道开放、内容开放和反馈开放；用户开放包括进入无限制、退出无限制、表达无限制、互动无限制。

2. 数字化

这是互联网实现互联互通的前提。所有复杂多变的信息都能转变为可以计算的数字、数据，之后可以这些数字、数据为基础编写二进制代码、建立起数字化模型。这样所有的声音、文字、图像都可转化为数字化的形式，进行数字化的记录、传输与处理，因而有了多种形式融为一体的超媒体的表现。互联网的数字性带来了网络与新媒体信息存储的海量性。在服务器可以无限量增加的前提下，所有内容压缩为数字或数据后，就能无限存储。如果没有数字化的特性，今天的大数据技术是无法实现的。

3. 超时空

互联网不受时间和空间的限制，只要有一根网线、一台计算机，人们就可以在世界上任何一个角落，通过互联网接收和传播任何信息。随着无线网络技术、3G 及 4G 技术的应用，我们甚至可以抛弃网线，在一个有无线网络覆盖的区域中随意进入网络世界。曾经的"地球村"构想在今天已经成为现实，互联网构成了一个跨地域、跨国界、跨文化、全球一体的传播空间。

4. 超链接

超链接是网络与新媒体中两个元素、对象之间借助网络技术实现连接的一种最基础的技术。超链接可以用于网站与网站之间，一般采用绝对 URL 的超链接方式；也可以用于在同一个网站内由一个目标指向另一个目标，目标可以是一页文本、一张图片、一个视频文件、一个电子邮件地址，甚至是一个应用程序，此时一般采用相对 URL 的超链接方式。

网站与网站之间建立连接才能形成互联网，网页与网页之间建立连接才能构成网站。超链接需要借助一些计算机的语言符号来实现。

5. 超文本

超文本是一种按照信息之间的关系，非线性地存储、组织、管理和浏览信息的计算机技术，它的本质是在文本内部和文本之间建立关系，然后采用超链接的方式，实现不同空间的信息间的快速访问、实时交互，从而将原先单一的文本变成可以无限延伸、扩展的超级文本、立体文本。原先的线性文本会变成可以通向四面八方的非线性文本，最终构成一个庞大的文本网络。读者可以在任何一个节点上停下来，进入另一个文本，然后再点击，进入又一个文本，理论上说，这个过程是无穷无尽的。

6. 交互性

网络的交互性体现在两个方面：一方面是人与机器的互动，另一方面是人通过机器与他人交流互动。在人机交互的过程里，用户不仅是网络信息资源的消费者，同时也是网络信息资源的生产者和传播者。网络技术的发展为网民提供了便利的交互手段，如电子邮件、社区论坛、网络聊天、即时通信、留言评论、贴吧、博客、播客、维客、掘客等，手段越来越丰富，形式越来越简单，使用越来越便利。

(二) 互联网的多平台价值

在互联网诞生之初，一个被反复提及的问题是：互联网是什么？有人说是媒体，有人说是工具，有人说是交易渠道。通过几十年来人们对互联网的运用可以看到，互联网的功能不是单一的，它是多功能的综合体，具有多平台的价值。

1. 数据平台

数据平台指利用互联网的海量空间来满足用户浏览信息，查阅资料，存储各类文档，发布各类信息、作品等与数据相关的多方面的需求。PC端的主要产品有网络新闻、电子报纸、电子杂志、网络广播、网络视频、网络文学作品、网上图书馆、网络数据库等；移动端的主要产品有手机报、手机网、手机电视、手机电台、手机阅读器、手机图书馆、手机新闻客户端等；还有以公共平台为依托的微博账号、微信公众号等。这些都是数据平台的常规产品。互联网上的信息到底有多少，没有人能给出一个准确的数字，仅一个维基百科的容量就是《大英百科全书》的十几倍。包罗万象的网络中，各种信息可谓应有尽有，只要你有足够的时间，就可以访问网络中的任何一个网站，根据你的兴趣浏览网上的所有内容，而浏览信息也能让你做到"独坐家中环行八万里，足不出户尽知天下事"。

2. 交流平台

交流平台指利用互联网的互动特性构建的个人与个人、个人与群体、群体与群体之间沟通、分享、传播信息的交流空间。跨 PC 端和移动端的交流类产品有电子邮件、即时通信软件、BBS 论坛、贴吧、博客、播客、微博等。移动端还新增了微信、视频直播等软件以及"摇一摇"等功能。微信实现了用语音和视频进行即时通信，"摇一摇"可以让用户基于地理位置与附近的人进行对话，视频直播可以让用户通过视频的方式与粉丝实时互动。

电子邮件是互联网交流平台上出现最早、使用最广泛的应用。目前，交流平台不再是单一的交流工具，电子邮件、微博、SNS 社区、手机即时通信软件等都具备了多种功能，特别是手机即时通信软件，已从单纯的聊天工具向综合化平台方向发展，集成了社交、娱乐等多种功能和电商、广告等多种服务，成为移动互联网的重要入口。

3. 商务平台

商务平台指利用互联网开放、超时空的特性来实现个人与个人、个人与企业、企业与企业的在线异地交易、远程交易、网络营销等，主要包括 B2B、C2C、B2C、O2O、在线支付、网上和手机银行、在线招聘、订票、团购等平台。特别是移动端的商务功能更加便利、强大，如微信支付、手机二维码支付、手机股票买卖等，打破了传统购物地点的限制，可以让交易随时随地发生，用户的操作体验也得到了提升。

商务平台利用数字技术、网络技术，以商务为核心，把原来传统的销售、购物渠道移植到互联网上来，打破国家与地区间有形或无形的壁垒，使生产全球化、网络化、无形化、个性化。与购物、消费等相关的商务交易站点建立在虚拟的数字化空间里，借助网站或应用来展示商品，利用多媒体特性来强化商品的可视性、可选择性。在线交易已成为网络生活的重要组成部分。

4. 娱乐平台

娱乐平台指利用互联网的海量特性、多媒体特性满足用户音乐、影视、游戏等方面的娱乐需求。网络游戏、网络音乐、网络影视剧、网络文学作品等娱乐产品成为 PC 端和移动端用户的常用产品。根据中国互联网络信息中心发布的第 41 次《中国互联网络发展状况统计报告》，在排前十位的网络应用中，娱乐应用占有四席，视频、音乐、游戏、文学分别排在第四、第五、第八和第十的位置。在线娱乐应用是中国网民所使用的主要网络应用。

2015 年，以知识产权为核心的网络娱乐产业链展现出巨大商业价值。不仅由热门网络文学作品改编的影视作品屡创收视新高，由其改编的游戏也能迅速获得忠实粉丝的关注，而影视和游戏的成功改编又反哺了网络文学本身的发展，促使其商业模式由单纯向用户收费转变为利用免费模式扩大受众群体进而培养优质 IP（Intellectual Property，知识产权）。与此同时，随着视频直播业务的发展，网络音乐节目的视频直播成为一种正在被探索的新商业模式，在吸引用户的同时，为音乐从业者提供了新的发展机会。

5. 工具平台

工具平台指利用互联网的开放性提供各类软件、各种工具及相关网络服务，主要包括搜索引擎、Tag 社会化标签、收藏、分享、Widget 个性化定制、BT 下载、FTP 文件传输等。就移动终端而言，还有更多的工具和功能，如通话、视频通话、手机短信、拍照及照片上传、拍视频及视频上传、通讯录的云存储、手机搜索、手机定位、手机地图、手机上网、蓝牙共享、二维码等。从 1969 年互联网诞生至今，网络技术一直是互联网各种应用的出发点和立足点，而随着网络的普及和网民人数的增加，人们对网络技术的研发已经从纯技术领域向大众生活延伸，使网络技术成为一个重要工具。

6. 政务平台

政务平台指利用互联网的交互性、信息海量性、超时空性为政府搭建的政务新闻发布、社会职能服务和政民沟通交互的网络空间。PC 端的主要产品有各级政府网站、部委网站、社会团体网站和政务微博，移动端的主要产品有政务微信公众号、政务服务客户端等。随着 2007 年 1 月 1 日中国政府网的上线开通，各级政府都加快了电子政务平台的建设。目前已经建成中央、省、市、县四级政务网站，各部委、厅、局等行业信息服务网站等。这些网站是各级政府和行业管理部门以信息化建设为基础，通过网络公共平台，面向社会提供各种政务信息、职能服务并实现网络办公、与社会公众互动交流的通道。

（三）网络与新媒体的传播特性

互联网的媒体功能是其诸多功能之一，互联网的技术特性在与新闻传播规律结合后形成了网络与新媒体的新闻传播特性，其主要表现在以下几个方面。

1. 快速及时，同步传播

互联网的开放性与超时空性决定了网络与新媒体的新闻传播具有及时快速的特征，即任何一个人都可以在任何时间、任何地点通过任何方式向外传播任何事实。而且，由于光纤通信线路传递数字信号的速度能达到 30 万公里/秒，所以所有的文字和图片传播几乎可以做到"秒杀"，用户只要联网，就可在第一时间知晓发生的新闻事件。5G 正在商用，未来实现"秒杀"的还有视频。

2. 多元传播，并存交融

互联网将人际传播、群体传播、组织传播、大众传播等各种传播形态集于一身，人们不仅可以借助它向全社会进行开放性的大众传播，而且可以实现"点对点"的人际传播（如电子邮件、即时通信、私信）、小范围的群体传播（如论坛、贴吧、朋友圈、微信群等）、组织机构或单位的组织传播（如微博账号、微信服务号等）。

3. 多样手段，多媒体化

互联网集电脑、电视、录音机、电话机、游戏机、传真机等的功能于一体，或者说是各种传统媒介的大熔炉，它将以往各自独立的、单一的传播手段，如文字、口语、声音、图表、图片、图像等融为一体，并根据需要自如地从一种手段转换到另一种手段，或者几种形式并举，做到图、文、声、像并茂，真正实现多媒体的传播。现在的传播手段，除了常见的文字、图片、音视频外，还有可视化图表、H5 动新闻、GIF 动图、短视频、直播专题等。

4. 交互性强，参与度高

网络与新媒体传播与传统的印刷传播、电讯传播的最大不同之处就在于交互性。一方面，互联网上的新闻留言区、论坛、博客、微博、社区等可以让用户方便地发表意见、提交看法、反馈信息，实现传统媒体很难达到的高度互动；另一方面，网络传播中传受双方的角色位置可以方便、频繁地变换，传受者之间界限模糊。

5. 大数据，云存储

互联网将全世界的计算机连为一体，由技术创造的电脑网络时空几乎可以将全世界的新闻信息全部揽入其中，构建起一个巨大无比的在线数据库。进入 Web2. 0 时代，传播主体多元化，"人人皆为信息源"的态势更使得网络信息如江河入海，生生不息。另外，云计算技术的出现让网络与新媒体的海量大数据可以实现云端存储，减轻了媒体机构的服务器存储负担。对大数据进行挖掘和分析，将新闻资讯与用户的行为、习惯、偏好结合，就可以实现智能、精准的新闻资讯推送。

6. 个性化，定制化

随着技术的发展和功能的强化，网络与新媒体在满足用户个性化需求方面所具备的条件和优势越来越明显。我们过去将新闻传播称为大众传播，这种一对多的模式无法照顾用户的个性化需求，也没有条件让用户自由定制新闻资讯。目前，虽然在 PC 端满足用户个性化需求的自定义内容还不是很多，但在移动端，基于"人手一机"的手机普及率现状以及移动终端的高度贴身性，用户更希望能进行个性化定制，阅读自己喜欢的内容，预约想看的视频，随时互动反馈等。

以上六个特性，在 PC 端和移动端都有体现，但由于两种终端特征不同，所以表现出的程度仍有差异。比如，在快速同步传播上，显然移动端的速度要快于 PC 端，这种快不是指发布快，而是指用户能更快地接收到新闻资讯，能更快地进行交互。但是，在手段的多样化方面，PC 端与移动端各有优势，PC 端手段更多，展现出的效果更好，易于优化用户体验；移动端手段较少，但可以更多地加入与用户的互动，呈现出另一种沉浸式传播效果。

此外，国内手机的普及率已经很高，用户正在形成利用碎片化时间、在场景化地点浏览新闻资讯的习惯，因此，移动新闻传播的覆盖面将越来越广，到达率也会越来越高，与用户的关联度也会越来越高，产生的传播效果也会越来越好。

第二节　新媒体写作概述

所谓的"新传媒"，就是相对于传统媒介（即报纸、杂志、广播、电视等）而言的一个全新的传统媒体形态。它涵盖数字报刊、数码杂志、数字广播、数字电视节目、数字影院、移动广播电视、网络系统、手机移动短信、桌面视窗、触屏技术等诸多内容。新媒体写作是在当今传统媒体日渐衰退、新兴媒介快速普及与应用的趋势下出现的一个崭新专业。新媒体写作关注的问题众多，例如，怎样应对网络时代；新媒介所产生的全新的文学表现形式、思维模式、话语习惯、表达方式、叙事手段；怎样实现个性化、即时性的语言表现等。

一、新媒体写作的概念

新媒体写作是以新型媒介为载体的文字创作活动，即在网络媒体、移动媒介等虚拟平台上开展的互动式创作行为。

当今时代，自媒体写作是最为普及的一种大众化的新媒体写作活动。自媒体也称为"公民新闻媒体""个性新闻媒体"等，具有私密性、平民性、普泛化、主动性的特点，是新闻传播者通过现代化、电子化的传播方式，向生活中的大多数人和特殊的个体传播规律性和无规范性信息的新媒介的统称。

博客是自媒体最初的一种形态。2003 年，博客在互联网上出现，迅速风靡世界。这种任何人都可以便捷地在互联网上申请、注册，随时可以发布文字、图片、视频等资讯的社交应用平台，一时间让人们趋之若鹜。随着自媒体的宣传和推广，其影响大、传播速度快、覆盖面广等特性不断凸显，自媒体也逐步地成了政府部门提高信息发布透明度的重要网上问政渠道，以及与企业互动宣传的重要工具。

自媒体平台主要产品内容包含：博客、微博、微信、百度官方贴吧、网站、BBS 等互联网社区。它是公民通过发表自身亲眼所见、亲耳所闻故事的重要载体。

自媒体时代，人们不仅仅接受"主流媒体""统一的声音"，还可以通过自媒体了解各种不同的声音，从来自普通大众主导的信息传播中获得独立的资讯，从而对事物做出个性化的判断。

新媒体创作较传统媒体舆论导向创作最大的差异就是创作主体的差异，新媒介创作的对象主要是指网络媒体、手机媒介、户外虚拟载体等新型媒介，其内容不再像传统的媒体舆论导向创作那样，不是最终表现在某一天、某一时期纸质出版刊物上，而是在某些具体的广播、网络信息中传播。

传统媒体写作一经付诸具体版面或节目并且发行、播出后，如发生错漏是无法修改勘误的，只能重新发布更正启事加以更正。而新媒体写作就不存在这个问题。每个新媒体写作者都可以在自己的自媒体平台上，随意修改、完善自己已经提交发布的稿件中存在的错漏。当然，这只是新媒体写作的优势之一。

二、新媒体写作特性

与传统媒体写作相比较，新媒体写作具有单一性、便捷性、灵活性、简短性、节资性、多元性、扩散性、互动性、平民性、包容性十大特性，这也是新媒体写作的十大优势。

（一）单一性

全国的传统媒体都采取了"三审制"。以报刊为例，新闻记者所采写的文稿刊登到报刊上，通常要经过三次审核：由负责剪辑组长（编审、副编审、剪辑、助手剪辑皆可）对文稿实行一审（初审），编委会组长（副负责人、社负责人委任的编审、副编审）实行二审（复审），社长（总主编、社负责人委任的编审、副编审）实行三审（终审）。之后，才能对其实行编审、印制、出版。经过这一系列的程序，记者的稿件才能在报纸上刊登出来。

而新媒体写作就不需要经过这些烦琐的环节，它是一种单一性的活动，作者只要在自己选定的博客、微博、微信、头条号等自媒体平台上，将写好的文稿发表出来即可，可以直接让受众浏览阅读。

（二）便捷性

新媒介写作具有明显的便捷性，和传统媒体相比，也具有不可比拟的新闻引导方面的优越性。以电视新闻节目为例，电视记者部将采写的新闻文章和制定的电视资料送到新闻部，再由部长（副主任）或编辑人员审定，这是一审；而记者部再把审查修改过的稿子送到电视台由负责报道的主管审稿，这是二审；分管领导经过审批后，再把稿子交给后期制造部门完成后期制造；在剪辑、配乐和后期制造工作结束后，再由中央电视台值班编委审片并签名，这就是三审；制片部再将经值班编委审核并签发的完成片（栏目成件）上传给播映部；播映部最后再把成品播放排单上播放。一条传统电视新闻的播出，必须经过这些编审制作过程。

而新媒体写作，作者只要将采写好的文字、图片、音频、视频经过简单的编辑、剪辑、制作后，就可以图文并茂地发表在博客或播客等自媒体平台上。

（三）灵活性

传统媒体写作会受到发布时效和发稿时段的限制，成稿的时间必须在媒体规定的截稿时间之内。否则，就会推迟到第二天刊登或播出；或者因新闻时效原因，不再刊播此稿件。

新媒体写作就不存在发布时效和发稿时段的限制，网络媒体 24 小时滚动播出，手机等自媒体可以每时每刻、随时随地向自媒体平台发送信息。

（四）简短性

新媒体写作讲究短平快，文稿必须精短，言辞提倡平实，传播要求快速。新媒体鲜有洋洋千言的新闻稿。新媒体文稿的标题力求精彩易懂，突出要点，切忌繁文缛节和生僻辞藻。

（五）节资性

新媒体写作对资源的节省，是所有传统媒体无法企及的。它不需要像报纸、电视那样派出记者深入新闻现场采访，不需要经过"三审三校"编审流程，也不用经过印刷、运输、发行、销售报纸等环节。

新媒体写作者只需将自己所见所闻的图文、音频、视频等信息，经过简单的编辑或剪辑，发布在自媒体平台上；或者编辑转发传统媒体发布的最新的新闻稿件。新媒体往往"编多采少"；而传统媒体恰恰相反，它以采访（原创）为主，绝大部分新闻稿件是派出记者采写回来的。这样辛苦采写回来的稿件（甚至是独家稿）在报纸上刊出或在电视上播出，新媒体甚至门户网站不费分文纷纷转载，所以，传统媒体日渐难以为继。

（六）多元性

新媒体写作不像传统媒体写作，有着固定的栏目、版块，在篇幅上有规定数量的文字、图片（或视频、音频时长）；内容上也不像传统媒体写作，必须遵循不同媒体各自不同的风格来进行写作。新媒体写作可以不拘泥于篇幅和风格，内容上可以包罗万象，以满足受众多元化的需求。因为传统媒体是媒体主导受众，而新媒体则是受众选择媒体，受众有更多选择空间。瞬息万变的资讯涌入读者的视野，能契合你的胃口、进入你的"法眼"的信息，毕竟是少数。这就决定了新媒体写作必须呈现个性化和内容至上的特点。

（七）扩散性

传统媒体写作，作品发表或播出之后，由于媒体周期性推出新的作品（节目），很快会淡出人们的视线。比如日报，其"生命力"只有一天，第二天就被新出的报纸代替而成为明日黄花无人问津；而新媒体写作，作品发表之后却会在一定的受众群体间不断扩散传阅，全球共享。它不像传统媒体那样因某种媒体发行或播出区域限制而使传播范围受到限制。

（八）互动性

新媒体写作具有互动度，这是传统媒体难以超越的。作家所述小说在新媒介上出版以后，读者群众能够和作家形成交流，能够对创作提出自身的意见与主张，各抒己见；作家能够依据观众对创作提出的一些缺失或不足之处，进行调整，进一步优化，使其渐趋完备。

（九）平民性

新媒体写作已经成为全民性的集体表达活动。无论是社会精英还是"草根"百姓，都可以通过自媒体来传播自己的所见所闻，表达自己的所想所思，传递自己的三观境界，编织自己的人脉网络。

（十）包容性

传统媒体对新闻记者、编辑的专业知识和学历要求都比较严，通常需要具备大学新闻传播、中文等相关专业的学历。而新媒体写作就没有这些限制，不管你的学历是小学还是大学，你只要在网上注册一个博客，就可以拥有自己的"报纸、广播和电视"（播客）；你既是这些媒体的记者、编辑，又是这些媒体的总编、社长（台长），随时都可以在自己的账号中与他人分享。

三、新媒体写作要点

处于新媒体网络时代，怎样实现社会化、即时化的语言表述，怎样应对网络时代给人们所造成的思想巨变是需要考虑的重要内容。

（一）动笔前先思考

写一篇文章前，要先思考以下这几个问题。

第一个问题：你是要给谁写的这篇文章？

第二个问题：他们的喜好和特征是什么呢，你知道吗？

第三个问题：他们的需求和痛点你们知道吗？

第四个问题：怎么写，他们才会喜欢看？

第五个问题：他们想从文章中得到什么？是知识、猎奇心理，还是说想放松一下，宣泄一下情绪？

（二）站在产品设计角度思考

写一篇文章，就是设计一个产品的过程，或者说是研发一个项目的过程。我们要针对服务对象，把这个项目做成，就像我们要针对读者，把这篇文章写成，道理是一样的。所以我们要非常清楚我们读者的所思所想，他们想要的是怎样的内容。

（三）描述用户画像

写作前为自己的受众进行用户画像描述，可以首先从性别、年龄、职业等简单的方向入手，考虑受众的特征，例如，是否乐于助人，独立思考，有批判精神，热爱学习，热心公益，有公民意识及社会责任感等，同时了解用户的需求和痛点。这样一来，就更容易吸引目标受众，引起共鸣。

为什么我们要做这个读者画像？其实我们知道，不同读者的诉求是不一样的。例如，可能职场里的男性会比较喜欢逻辑性缜密的文章，而女性群体普遍喜欢情感色彩较为明显的文章。因此，定位好自己的受众，去认识了解他们，这是新媒体写作的第一步。

四、新媒体写作的缺陷

任何事物都是有利有弊的。新媒体写作因无准入门槛，写作者的文化水平、专业素质、道德境界、法律意识等水平参差不齐，自然会存在许多问题和不足。

（一）粗制滥造

新媒体写作者并非都具有较高的知识文化素养和道德素养，他们不同的素质会直接体现在写作文本中，其作品普遍存在粗制滥造现象，语句不通、错别字、语法、修辞、逻辑问题比比皆是，不能准确地运用语言文字来表达文本内容和主题思想。新媒体写作的整体水准和质量远远不及传统媒体写作。

（二）虚假信息

由于新媒体写作者可以自由地主宰自己的媒体，随心所欲地发布自己想要发布的信息，所以新媒体写作的信息自然存在可信度、真实性和公信力差的问题。写作者缘于主观或外界客观因素（利益诱惑等）的影响，加上网络的隐匿性，在未经他人审核的情况下，无视公序良俗和法律法规发布虚假信息，甚至发布诬陷、毁谤他人的信息，从而误导受众、混淆视听。目前，侵害他人合法权益的诉讼十分普遍。

（三）潜在隐患

鉴于新媒体写作中虚假信息的传播现象，一些仇视社会、唯恐天下不乱者，通过微博、微信等自媒体平台发布谣言，从而可能引发骚乱，给国家和社会带来危害，影响社会和谐稳定发展。比如"钓鱼岛事件"爆发后，微博上出现一些高举爱国旗帜呼吁民众打砸日本制造的汽车、家用电器等，以表达爱国热情的文章。在这些谣言的煽动下，一些失去理智的民众上街集体游行对日本制造的商品进行打砸抢。其实，这是在扰乱公共秩序、破坏社会和谐。所以，在自媒体平台飞速发展的今天，加大对新媒体传播的监管力度是我国有关部门的当务之急。

（四）用语晦涩

新媒体写作者为了迎合网民口味，体现网络写作风格，增加自媒体平台的人气和互动性，往往会生造一些晦涩生僻的网络用语，比如"囧""马甲""人艰不拆""虾米"等在网文中时有出现。这些网络流行用语只有部分网民比较熟悉，对于广大的人民群众来说，很少人能真正理解和体会其中含义，适用性不强。

五、新媒体写作实用技巧

（一）视觉化的表达

关于视觉化表达，大家可能很少听说。其实，在我们人脑当中，有一个部位叫作爬行脑，这部分控制着人的欲望，它喜欢的是视觉化的信息，而不是抽象的。所以我们都喜欢看漂亮的风景、美术作品等。

美国的历史上，有一位黑人，他叫马丁·路德·金。他有一篇非常著名的演讲叫作《我有一个梦想》，我相信大家在学习英语的过程中都曾听说过这篇演说，这篇演说也被列为 20 世纪最伟大的演说之一。

它里面用了一种视觉化表达的手法，作者不是大声呼喊"追求人人生而平等，我要减少种族歧视"这些口号性的话语，而是这么表达："我梦想有一天在佐治亚的山上，希冀和奴隶主、奴隶主的儿子，能够坐在一起，共叙兄弟之情。"你是喜欢第一种口号型表达，还是喜欢第二种有画面感的表达呢？

（二）多感官的体验

多感官，即一定要站在读者的角度，分别从视觉、听觉、嗅觉、味觉以及触觉去感知去体会，从感官系统出发描述信息，让人产生一种身临其境、感同身受的感觉，才能够受到触动。

写作时进行多重感官描述，并不代表这样的写作需要运用极为华丽的辞藻。通常而言，一些优美的词语给读者的第一印象很漂亮，但是这样的文章往往经不起推敲。相反，很多时候朴实无华的文字最容易引起读者的共鸣，打动人心。因为这样的文字需要真实、生动地表现各种不同感官状态下的体验。而真情实感就是多感官体验写作描述时的第一要义。

（三）分镜头的叙事

"分镜头叙事"是借鉴电影里边的一种手法。电影采用一种蒙太奇的手法，采取多种镜头、多种情景来进行叙事。但是它的故事都是有一条主线的。所以写一篇文章之前，我们一定要先理出这篇文章的主题及主线。接着我们找到关于文章设定主题的一些情景，把它串联起来，用分镜头的形式呈现，就会显得内容比较饱满且有吸引力，有镜头感，有电影感。

为了便于说明，以《十年了，我们为什么要做社工客?》这篇文章进行说明。这篇文章总共用了 6 个分镜头，分别是从大学到工作，再到创业这个时间轴里提取了几个有代表性的分镜头，而且把比较精彩的部分呈现出来。在叙事方面有了一个时间轴，从过去到现在的过程，也具备了逻辑性。

（四）提炼金句，多分段落

为什么要这样呢？回想一下新媒体的阅读场景，多数都是碎片化的阅读。我们可能坐在公交车上，或者是在上洗手间时刷一下微信，看一篇文章，阅读一篇新媒体文章有可能就是十几秒时间，甚至更短。所以我们要在尽可能短的时间内给读者尽可能好的阅读体验，这是非常重要的。

在阅读体验中有两个要注意的地方。

第一，提炼金句。如果我们把一篇文章看成是一朵海浪，海浪当中会有不同的波峰，每一段的波峰就像是一段文字，而每段波峰上的那几个字会瞬间戳中人心，会瞬间让人感到，"哇，这句话说得真好！"刚好戳中了我的想法，非常契合我的胃口，那这句话就是金句。所以我们一定要把握，而且要总结出来，把它加粗。

《你，不是一个人孤军奋战》这篇文章里面有很多提炼的金句，凡是有加粗的部分，都是金句，而且也分镜头进行阐述，总共分了三个段落，第一个段落是"创业是从一个人走夜路开始的"；第二是"正视自己的不足，是自我修行的开始"；第三是"结伴而行是为了走得更远"。

金句的特点：字数不能太多，它是一句话，最好可以让大家一口气能读完，所以才叫作金句。金句要先打动自己，才能打动别人。在排版时可以把金句加粗，便于读者能够第一时间看到这个金句。

第二，多分段落。多分段落是为了迎合读者的阅读心理，让读者能够休息，有呼吸的空间。我们要优化用户的阅读体验，阅读体验从易到难，从直观到抽象：视频大于动图，动图大于图，图大于表，表大于文字，它是这么一个逻辑关系在里面。段落之间要空一行或者两行的留白，这样画面显得不那么拥挤，读者在视觉感受上也更加舒畅。

（五）非虚构写作

非虚构写作是来自国外的一种写作手法，顾名思义，非虚构的，不是凭空虚构一个故事出来，而是基于事实的写作。

这种手法比较适合社工或者公益人，我们很多时候写一些东西出来，一定要基于事实的原则，比如募捐活动的文案，可以采用这样的手法。

在非虚构写作中有几个地方是值得我们注意的。首先，写作要素非虚构。我们所有的写作元素都是要基于现实元素而进行写作行为。其次，我们要注重情景的再现，即多感官的体验。再次，要注重对话。这里面可能会有一些对话出现，才能够营造一种比较真实的画面感。最后，要注重细节。

写作是一个表达的方式，可以把我们的一些情绪、想法、观点、态度、文化表达出来，对于自己而言是一个自我释放的过程。可以通过表达引起别人的关注或者联动一些人，做一些更有意义的事情。正如我们常说的社会倡导通过写作来进行。可能很多时候，也有人会问，做就可以了，为什么还要写？写是为了更好地进行表达，更好地倡导自己的观念。

第二章　新媒体新闻与写作

第一节　新媒体新闻

一、新闻概要

（一）新闻的起源

新闻是如何产生的？首先是因为人们的好奇心，人天生就有传递信息的器官和一个接收信息的器官。这两类器官一直在充分发挥它们的功能。人们同时也有着无穷无尽的好奇心，它带来了一种对世界事物的不断的好奇心。这些对事物的好奇心是新闻写作的起源。对新闻的好奇推动着信息媒介的发展。经济社会生活的真实需求是促进信息传递的基础动力。人们对信息传递的需求表现为三个层面：一是生活的需求；二是工作的需求；三是生存的需求。

"新闻"一词在中国最早出现在唐代，新闻指的是最新听说的事情。

（二）新闻的概念

新闻是指经过新闻媒体传递的、正为大众所关注的或者刚发生的有价值的事实消息。一是指媒体新近发生（已经发生和正在发生）的事实的报道；二是对各种信息报道文体（消息、通信、报道专题、信息文件、调查、专访等）的总称；三是专指消息这种新闻体裁。

（四）新闻的基本特征

新闻具有真实性、及时性、公开性、准确性的特征。

（五）新闻的六要素

新闻报道是一个以叙述为主的记事型的文体，其要素结构与中国语文中的记叙文的六要素结构一样。通常将其总结为一个公式：5W+H，即何人（Who）；何时（When）；何地（Where）；何人（What）；何因（Why）；何结果（How）。也就是说，"人物、时间、地点、事件、原因、结果"组成了新闻的六大要素。用一句话总结，就是：当有人在某时或某地由于某种原因，做了某事所产生的一个结果。

（六）新闻的结构

报道的内容就是报道文体的综合形态。新闻由题目、引言、副主题、背景、结语等五部分组合而成。

1. 新闻的结构要素

（1）导语

导语是新闻正文的开头部分，它用简明扼要的语句彰显新闻价值，道出新闻事实的非凡特点和重要性，从而引起受众的阅读兴趣。

新闻导语的两种形式——"开门见山式"和"引人入胜式"。

"开门见山式"导语，通常将新闻的六要素"人物、时间、地点、事件、原因、结果"囊括进去，让人一目了然。这是最常见的一种导语表现形式。这类导语内容朴实、言辞精练，鲜有感情色彩，一直被新闻行业人士奉为典范。但其局限性也显而易见，这类新闻文本缺乏文采，读起来枯燥乏味，给人以千篇一律的感觉。

"引人入胜式"导语，在表现手法上相对灵活多变，可以采用悬念式、说明式、反问式、抒情式、隐喻式、描述式、引语式等多种散文化的表现方式。它可以撷取新闻事件中最有关注度的闪光点，用诗意化的语言进行描述，以吸引受众的眼球。

（2）主体

主体用于承接导语，它是更为详尽、充实地叙述事实的新闻主干部分。它对新闻事实进行了全面的说明，并介绍引言中的主旨，对引言中提及的问题进行释疑，以满足听众理解新闻事件的需求。

新闻主体的写作要点如下。

①中心突出。主体要对导语中提出的问题，用具体、充分的事实来进行详尽的回答，紧扣中心，突出主题，增强说服力。

②内容充实。主体是新闻的躯干，要用事例典型、内容充实、中心突出的材料来支撑这个"躯干"。对素材要去粗取精、去伪存真地选用。

③内容层次有序。主体部分，应结合得紧密、层次分明地进行阐述。常见的叙事形式为：一是时间次序，按照事件的出现、发生、终止的时间先后顺序展开叙事；二是逻辑次序，按照事件的内在联系和变化规律展开叙事；三是将时间次序与逻辑顺序相结合，按照事情发生的时间先后顺序，根据事件的基本规律展开叙事。

（3）背景

新闻发生的背景指的是新闻产生与传播的具体历史条件与社会环境

状况。历史背景指新闻本身的历史发展条件；环境条件就是新闻本身和周围事件之间的关系。通常来说，新闻的背景条件就叫作"新闻背后的新闻"。

新闻背景对新闻事实有着诠释、补充、衬托的意义。主要有以下四个方面的意义：一是诠释新闻事实中的疑问，有利于受众了解新闻事实的来龙去脉，认识事实的真相；二是有助于受众理解新闻事实的意义；三是记者表达个人的观点，以期与受众产生共鸣和互动；四是使新闻主题深化、内容丰富，增强可读性和知识性。

（4）结语

结语就是新闻事实的最后部分，也是新闻采写和受众道别的文字。有别于其他文体结尾的是，新闻的结语依附于事实，不用发表议论和抒情。好的结语可以使新闻画龙点睛、主题升华，令人掩卷长思、余韵绕梁。

结语通常有以下几种形式：

①引语式。选取文中能够体现报道价值取向的一句引语作为新闻的结语，有助于诠释、提醒或重申新闻的思想观点。

②展望式。对于动态性的新闻事实，人们对事件的下一步发展态势或结局翘首以待，就可以用人们最关注的问题用展望式的语言作为结束语，以提醒受众对媒体的最新报道给予持续关注。

③悬念式。这种结语常见于连载性的系列报道，为了吸引受众对下一期报道的继续关注，作者常在结尾处留下一个悬念，诸如："她真的会现身吗？""接下来会发生什么情况，大家拭目以待"等。

④写实式。用事实发展结局作为报道的结语，直陈事实、无需修饰，

戛然而止、干脆利索。

2. 新闻的结构

（1）金字塔式

按照事件发生、发展的时间顺序来安排材料，把新闻的六要素顺次串联起来，依序为引言、过程、结果。这种渐入佳境式的叙述手法，将新闻重点摆在文末，一般多用于特写。金字塔式适合报道故事性强、具有浓厚的人文情怀的新闻事件。

（2）倒金字塔式

倒金字塔式是目前媒体写作常见的方法。它将最关键、最精彩的新闻信息置于最前面的引言中，将主要内容按新闻材料的价值递减规律来编排事实材料，待事实介绍结束之后再完成其他内容。这种结构方式有助于受众快速了解新闻的重点。

（3）菱形式

这种"两头小、中间大"的结构方式，主要适用于事实内容庞杂，在导语中难以详尽概括，只能在主体部分进行分段细述的情况。

（4）折中式

折中式把正金字塔式与倒金字塔式两者折中，事情中最关键的内容依然在导语里，而主要部分则根据事情的时间性或逻辑性的先后顺序进行陈述。

（5）纲网式

以事实中的某一个核心事件为核心，逐个叙述其他事实，这些零散的事实如举纲之网互相连缀起来。这种结构方式适合于报道较为散乱的事件，诸如活动花絮等。

（6）并列式

将新闻价值和重要性相等或相近的诸多事实，并列起来叙述。常见于公报式新闻。

（7）直叙式

这种平铺直叙的记述方法，讲究行文的起、承、转、合，并力求语言的通畅准确。这种方法适用于组织单位发表声明。

（七）新闻的标题

在报道正文内容之前，字号大于正文，并对报道内容进行总结或评论的短小文章，则称为报道的标题。它可以分为正题、引题、副题、插题、提要问题等。各种标题用不同的字体编排。

1. 标题的特点

新闻的标题，有题文相符、引人入胜、提纲挈领、立场分明、活泼生动等特点。

（1）题文相符

标题中蕴含的内容必须与新闻事实相符，不得有出入，更不能相悖。

（2）引人入胜

突出新闻标题的"眼睛"作用，精彩而又贴切的标题，能引起受众的关注欲望。

（3）提纲挈领

标题的内容是对新闻事实加以概括或评价，所以，必须简明扼要、提纲挈领。

（4）立场分明

新闻标题中对事实要有鲜明的态度，明白是非曲直，报道用词要准确，不能模棱两可。

（5）生动活泼

新闻标题不能流于生硬、古板和教条，要有生活气息和人文情怀，从而吸引人的阅读兴趣。

2. 标题的种类

新闻标题从内容表达上来说，可分为实题和虚题。实题是指报道题词中陈述史实的组成部分，而虚题则是在报道题词中发表议论的组成部分。

从结构上来分，有单式标题和复式标题。单式标题，有主题无副题，一般采用一行式主题，也可以用双行式主题。复式标题，有主题也有副题，由两个或两个以上题目按照特定的规则组合而成。

最常用的有以下四个题型：引题搭配主题；题目与副题；引题、主题与副题相配合；引题、主题、副题与边题（或尾题）相配合。

引题说理，宜虚不宜实；主旨叙述，宜实不宜虚；副题则为对主旨的理解、说明与阐释。

正题，又称为主标题、主题，它是标题中最主要、字号最大、最引人注目的部分，用于表明新闻事件的核心事实或主要观点。

引题，也叫作肩题、眉题、上副题等，它置于正题之前，用于引发、烘托、阐述正题。引题通常比正题的字体小、文字较少。

副标题，有上副标题、下副标题，通常和正题相配套，置于正题之后，用以补充、解释、加强、充实正题。

插标题，也叫作小题词、分题词，指各自穿插在文中的小题词。

提要题目，也叫作新闻提示题目或纲要题，是指提纲挈领地概括新闻的重要事实、方法、经验等问题，并加以概括式的、简洁有力的论述。

3. 拟好新闻标题的要求

俗话说：报看一个题，书看一张皮。这句话说明了标题的重要性。好的标题有如金字招牌，能吸引受众的目光，使人产生强烈的了解欲。

（1）贴切而又生动

新闻标题首先要恰如其分地表达新闻事实的内容，不得偏离新闻事实；同时措辞要精彩生动，但又不能故弄玄虚。可运用成语、比喻、借代、比拟等增强标题的精彩度，力求工整、对仗、朗朗上口。

（2）彰显报道精华

新闻标题要将最有价值的新闻事实体现出来。一篇新闻报道是否能引起受众的关注，标题是关键。

（3）精短而又通俗

新闻标题以精短、易懂为佳，切忌冗长、咬文嚼字。

（八）新闻的体裁

1. 新闻体裁的定义

新闻体裁，是指新闻媒体报道新闻内容所采用的载体形式。它主要包含：消息、通信、特写、专访、深度报道、新闻述评等内容。

2. 报纸常见的新闻体裁类型

（1）消息

中国古代已经出现了消息一词，例如"君子通达物理，贵尚消息盈虚。""日中则昃，月盈则食，天地盈虚，与时消息。""君子尚消息盈虚，天行也。"等。这里的消息，指的是天地万物消长、荣枯兴衰的发展、变化之规律。到了近代，"消息"一词渐渐成为新闻体裁的特指，人们常常把"消息"称为新闻。作为新闻的一种类型，消息是指以简单的语言文字迅速报道新出现的事情。它只对事件进行如实报道，而不详述事件的具体发展过程和情节。它是一种重要的、被普遍使用的新闻类型，具有真实性、时效性、简短性的特点。

真实性，是指消息中所传递的事实必须真正确切地反映了客观事实。

时效性，是指消息必须迅速及时地将最新发生的事实传播给受众。

简短性，是指消息要用短小精悍、言简意赅的语言文字来传播事实信息。

（2）通讯

通讯，即利用记叙、刻画、抒情、讨论等各种手段，详细、具体化、生动活泼、艺术形象地表现有价值的新闻内容。它分为人物通讯和事务通讯两种。人物通讯与消息相比，要求要更加及时、确切地报道对日常生活中最有意义的事情，而事件通报的内容则较消息更具体化、更系统。

通讯具有翔实性、思想性、形象性、议论性、时间性五大特征。

①翔实性，是通讯有别于消息最明显的特征，通讯可以对事实发生、发展的来龙去脉、环境背景进行详尽的、具体的、生动的叙述。

②思想性，要求对一些受众普遍关注的、有意义的、有价值的新闻事实进行报道。

③形象性，与消息传播不同的是，通讯并非单纯地报道新闻事实，而且还能够通过记叙、刻画、抒情、议论等各种手段，对事情做出生动形象的介绍。

④议论性，又称评论性，通讯可以对新闻事实进行分析、议论和评价，旗帜鲜明地对事实的是非曲直做出评判，以表明媒体或作者的立场和观点。

⑤时间性，通讯的时间性不会像消息那样要求那么严格。

通讯按功能分类，可包括事物通讯、数据通讯、概况通讯、工作通讯等。

按内容分类，可分为记事通讯、名人专访、纪实、人物、巡礼、见闻、特写、速写、侧记、散记、访谈笔记等。

（3）特写

新闻特写，指通过截取新闻报道中的横断面，生动活泼地反映带有一定特色的事情、人或环境的新闻形式。

特写通常有以下类型。

①人物特写：绘声绘色地再现人物的行为特征，给人以强烈动感的印象。

②事件特写：叙述事件具体而又详细的新闻事实。

③场面特写：摄取和再现事实中关键而又精彩的场面。

④景物特写：描述事实中有价值、有意义的甚至鲜见的景物。

⑤工作特写：形象地再现某个工作或生产场面。

⑥札记特写：生动地再现各种具有新闻价值的事实现场。

（4）专访

专访是记者对新闻人物就相关有价值的事实进行访谈和答疑的一种报道体裁。专访比一般报道要详细而又生动。专访内容分为：政治人物专访、历史事件专访、社会问题专访、城市风貌专访。

（5）深度报道

深度报道，即系统、深入地反映重要事态和社会问题，发现并澄清事实的因果关系，揭露事态的发生与演变的实质与意义，跟踪并探究事态发展趋向的新闻形式。

深度报道具有以下特征。

①深刻性。主要是采用分析、研究、预测的手段，从历史渊源、关系、矛盾发展、影响效果和变化趋势等角度展开纵深研究。

②思想性。记者不是对事实进行单层面的报道，而是透过事实表象，进行多维度的思考、全方位的分析、立体化的呈现。

③主流性。深度报道通常选择大众普遍关注的具有较强的新闻价值、内涵丰富的主流化的事实进行报道。

（6）新闻述评

新闻述评又称述评、记者述评。它是报道与批评结合，边述边评、述评结合的一种文体。它既研究报道事实，也对报道现实进行必要的剖析与评论；除了具有新闻报道的作用外，也具有评述功能。在篇幅上，记述内容多于评价内容。在情节上，评价内容多于记述内容。如《焦点访谈》《东方时空》《今日关注》《时事开讲》等都是新闻述评栏目。新闻述评有如下特点。

①以评为主，以述为辅。

在新闻述评中，边述边评、述评结合，述是评的铺垫和基础，评是述的最终目的。叙述事实，要依据评论的需要进行客观的叙述；评论是新闻述评中关键的内容。

②述评结合，相辅相成。

既评又述，述是对新闻事实的客观叙述，评是建立在述所提供的新闻事实基础上的分析和评论。叙述事实是新闻述评的基础，述是摆事实，评是讲道理。述和评唇齿相依、相辅相成。

二、新媒体新闻传播的利弊

近年来，我国许多"突发公共事件"都是新媒体第一时间将新闻事实报道出来的。新兴媒体作为政府部门和民众沟通的桥梁和纽带，为社会中的宣传活动、应急保护、消除威胁等做出了有益尝试。

不过，新媒体新闻传播就像一把双刃剑，它能在最短的时间里给人们传播一手资讯，提供便捷而又丰富的信息资源，有利于大家沟通、交流、互动与融合等。但是，新媒体新闻传播也存在许多负面影响和弊端。

新媒体虚假新闻的传播可利用博客、微博、微信、论坛等迅速扩散。网络水军目前已经成为新媒体虚假新闻传播的主力。通过新媒体写作，编造虚假信息为他人发帖、回帖、造势从而谋取利益。因此，新媒体写作者提高新闻专业素养，增强对新闻信息真假的判断和甄别能力，深入新闻现场调查采访，依法依规、客观公正地报道新闻事实就显得尤为重要。新媒体新闻写作者需要具备社会责任感和担当精神。

第二节　新媒体新闻写作方法

一、新媒体新闻写作要领

(一) 精心制作新闻标题

1. 新闻标题的重要性

俗话说:"标题是新闻的眼睛。"新媒体时代,受众面对的是海量的信息,如何让自己的新闻稿件脱颖而出,引人注目,这是新媒体新闻写作的关键所在。

在当今跨媒体资源融合的时代,受众在瞬息万变、应接不暇的资讯面前,更多的是通过标题来甄别是否属于自己期待关注的文章。如果标题精彩,受众自然会点击进入页面阅读正文;否则,你的这篇文章在令人眼花缭乱的资讯中,将无法进入受众的"法眼"。所以,新媒体新闻写作,标题至关重要。好的标题能够提纲挈领、一目了然,而又暗藏玄机、引人入胜地传递新闻的某种关键性的信息;同时,标题讲究"犹抱琵琶半遮面"的含蓄与蕴藉之美,好标题往往蕴含着某种磁性般的吸引力,促使受众心无旁骛地走进你的文本,了解你所传播的新闻信息。因此,标题最忌索然寡味、一览无余。

2. 新媒体时代新闻标题的作用

(1) 引起受众关注

一篇新闻稿关注度的高低,在某种意义上来说,取决于标题制作水准的优劣。因为，新媒体状态下的受众，是根据文章的标题来取舍自己的阅读资讯的。一个平淡无奇的新闻标题，注定是鲜人问津；相反，一个精彩绝伦的新闻标题，必定令受众趋之若鹜。

2015 年，在中国人民抗日战争暨世界反法西斯战争胜利 70 周年之际，一篇名为《周保中将军身边的三位老战士还原东北抗战真相》的军事纪实类型的散文文章，被新浪网编辑并推送在新浪博客首页，短短几天时间，文章阅读浏览数就超过了 14 万人次之多。

为什么会有这么高的关注度呢？标题起了关键性的作用，当然导读语和文章主体内容也是十分重要的因素。

（2）便于读者检索

新媒体时代，人们打开网页，就会有各种各样的"快餐式"的资讯如潮水般涌入你的视野。人们通常想要在最短的时间里，得到更多宝贵的资源。人们通常都是通过搜索引擎，有目的地输入自己所需要资讯的关键词，进行搜索阅读或下载。而标题往往涵盖着一篇文章中出现频率最高的关键词。这些关键词通常是关注度较高的，充满新奇、神秘、有趣、隐秘、未知等暗示性内容元素。以《周保中将军身边的三位老战士还原东北抗战真相》为例，"周保中""三位老战士""还原""东北抗战""真相"这些关键词，都符合"新奇、神秘、有趣、隐秘、未知"等暗示性内容元素。

（二）写出诱人的新闻导语

导语，是一篇消息的开头，是消息最重要、最精彩的部分，是能够引导和吸引读者阅读全文的那段简短的文字。

新媒体新闻写作，导语尤为重要。首先要有一个好的标题吸引读者进入新闻主体页面，如果标题后面的导语十分精彩，读者就会继续往下阅读；否则，就会关闭此页面，另选其他文章阅读。

要写好导语，首先要精心提炼新闻事实的内容，将最新鲜、最有价值的信息提纲挈领、简明扼要地表现出来。导语必须生动活泼、引人入胜。导语写作要锐意创新，不能墨守成规，要用灵动的文字，囊括新闻事实的精髓、记者的观点、媒体的立场，从而引起受众的关注与共鸣。

（三）展示清晰的新闻主体

新媒体新闻写作，必须清晰地呈现新闻主体。

新闻主体是消息的主干部分，也是详细叙述新闻事实的主要版块，必须条理清晰、层次井然地加以呈现。如果密密麻麻一大片文字，黑压压地展现在读者眼前，自然会给人一种杂乱无序的感觉，直接影响读者的阅读兴趣。新闻主体必须采用插题（即小标题）来分段叙述，读者通过一个个小标题，能尽快了解每个小节所叙述的主要内容。

（四）建立背景材料和信息链接

与传统媒体信息材料相比，新媒体写作要加强背景信息与其他信息的联系。

新媒体新闻写作，提供背景材料链接，有助于受众进一步了解新闻事实发生、发展的来龙去脉，加深对新闻事实的认知和理解。

新媒体报道文章，在本文结尾给出背景资料以及与报道真实情况有关的资料链接，既能充实报道的内涵，深化报道的主旨，引起公众的普遍重视，提高文章的知识性、趣味性和可读性，也可以帮助广大读者掌握报道的产生、传播的历史背景和时代因素。通过链接与事实相关的资讯，帮助受众了解来自各方的声音和见解，从而开阔视野、透视内幕、洞悉全局、增长见识。

二、新媒体新闻写作要点

科学技术的不断进步，使新闻的新媒体化写作成为当今新闻文本变革的一大趋势。新媒体新闻写作从传统媒体的写作中脱颖而出，逐步形成现场感明显、发布快捷、信息链接性强、独具特色的写作方式，自身竞争力大。

新媒体新闻写作有以下要点需要掌握。

（1）标题要求单行、实题、朴实、生动形象、通俗易懂。

（2）精心打磨导语，以精练的文字概括新闻事实的精髓。

（3）行文要求多用短句，使用散文笔法，语言鲜活、精练紧凑。

（4）文本切忌冗长，尽量精简，准确精到地叙述新闻事实。

（5）善用图片、音频和视频，尽量使新闻充满视觉冲击力。

（6）页面布局要锐意创新，不墨守成规。

（7）注重原创，切忌从传统媒体上"搬运新闻"。

（8）做好相关信息链接，丰富文本内涵。

第三章　新媒体微文学作品写作

第一节　新媒体微文学概述

一、微文学的定义

微文学，也叫微文学作品、短小说、精短文学作品，是以简短的篇幅表现小说情节的一类小说样式。这是在新兴媒介不断传播兴起的历史背景下所出现的一个新兴的文艺类型，包含微小说、微诗歌、微随笔、微型评论等。微小说也是伴随着微博的出现而成长起来的，微博的微小说最初规定篇幅在 140 字以内，而微信版的微小说篇幅规定为 1000 字以内。中国古代的《三字经》《弟子规》《千字文》等经典作品都是微文学的代表。

二、微文学的特征

微文学最突出的特色，是简短精悍、以小见大、微中显著、微言大义。文学就是人学，是作家对社会与人生的观察和体悟，对复杂的人性的洞悉和诠释，对人类生存状态和生命意义的探究与思索。微文学主要体现的是微主题、微思维、微观点、微价值，但更多的是关注于微型人物（小人物）的微生命、微情感、微故事、微世界。微型文学以滴水见海、窥斑见豹的方法，反映人的整体精神面貌、社会普遍现状，揭示人世百态、时代变化趋向等内容。

三、微文学的优势

微文学写作简单、出版方便、流传快速、受众面广，这是它自身的优势所在。新媒介技术为微文学的写作、出版与宣传创造了无比宽广的空间，作家们可在微博、微信、网志等自媒体平台上自由发布自己的微文学。它不像传统的文学作品，发表时受到纸质报刊版面的严格限制。由于刊登文学作品的纸质报刊远远不能满足中国庞大的文学创作队伍的发表需求，绝大多数作者创作的文学作品都难以发表，文学思想无处表达。全媒体网络平台为广大小说创作者的微文学创作提供了十分便利的环境。

微文学写作有着便捷、快速、高效的优势，作者只要有一部手机或笔记本电脑，在碎片化的闲暇时光里，就可以写微小说、微诗歌、微散文、微评论、微剧本等。小说写完以后，利用微博、微信等自媒介平台，及时发布、迅速扩散，以适应碎片化的时期消费者的多样化需要。一般文学创作没有这样好的创作条件。

第二节　新媒体微文学文本写作

一、微文学文本写作要领

网络时代的读者审美情趣和阅读需求都在发生变化，这也使得微文学的文本写作在主题选择、叙述语言和文字表达上，都与传统的文学写作有所区别。

（一）灵动的文字

微文学作品，是在新媒介时代满足人类碎片化阅读的新文化"零食"。这类作品中不需要出现深邃晦涩、老辣犀利的话语，只要求言简意赅、干净灵动的文章。一个微作品，如果有一两句令读者怦然心动的灵动文字就足够了。

（二）机智的语言

快节奏生活的当代人，需要茶余饭后或工作间隙的片刻娱乐，微文学就正得其所。所以，微作品的文字格调应该机敏诙谐，让人们在开怀期间也能体会其中的奥义。

（三）有趣的主题

在现代社会国际竞争日益加剧的今天，现代人的生存与精神压力愈来愈大，小说的题材选取上，就必须兼顾这类群体的休闲需求。要选取充满乐趣的、富有价值的、能产生快乐的，且可读性、兴趣、知识性、指导意义的主题，这样更能打动读者的心。

二、微小说

（一）微小说的定义和特征

微小说远远比不上普通短篇小说的体量，最初是以微博为主要发表平台，限在140字之内。它是新兴传媒时期形成的一个新的小说形式。微小说的特点是短小精悍、贴近当下生活、关注社会实际、反映大的时代环境。

（二）微小说写作要领

作品的篇幅较短，写作时情节简单、内容精练、人物数量不多、心理描写精到、文字简洁、含义深远、格调简单、布局机巧、选择精巧、结尾往往出其不意。

1. 选择节点

作品也因为"微"，喜欢表现日常生活的一个横断面，这些横断面便是作品的节点，作家透过这些"点"来表现主题内涵，透过刻画人物，揭示社会生存的实质，表达他们对社会生存的认识与判断，进而以瞬时的生命精彩、点滴的思维亮光，来震撼阅读、温馨阅读、启发阅读。

2. 强化焦点

微小说创作要提炼微小说中的闪光点，强化闪光点。焦点是作品的核心、全局的枢纽，是作品的精髓和核心内涵。因此，写作时不要把重点淹死在平平淡淡的描写当中，要采取夸大、渲染、比较、突转、巧合、悬念、反复、照应等的艺术表现手法，将重点的美表现出来。

3. 言简意赅

作品因篇幅小，不可有一丝多余的文字，常常用白描的手段加以描写，把某些与主旨不相干的描写忍痛割舍。应该借助人物的行为、话语表现人物的心态、性情；而描写环境，则应该在叙述故事情节进展之时才顺带完成，而无须另费笔墨去描写。

4. 弦外之音

微小说中不但要有一个抓住读者注意力的精彩的开篇，而且要有意蕴深长的结束语，要含蓄地表现故事的思想内容，最忌像白开水那样寡淡无味。写作时，注意使用虚实结合的手法，为读者留下思考的空间，留下补缺和再创造的余地，让他们去感受弦外之音，体察境外之景。

三、微散文

（一）微散文的定义

微散文，是以微博为媒介，借助网络流传的一个新兴的文学样式。

（二）微散文写作要领

散文，是指作家记叙亲身经过、见闻和思想感情体验的一类文艺体裁，作家往往运用第一人称手段，来写现实的"我"。

微散文创作有以下要点。首先，要讲究对文字的运用，以飘逸隽永、亲切自然的话语娓娓道来，中长短语交错有致，表现声音之美、韵律之美；其次，多用比喻、描写等修辞手法，将故事描写得更为生动具体。散文形散而神不散，这里的"神"是指感情体验、主题思想。

（三）散文的类型

散文能表现的内容较多，但从类型上进行划分一般划分为以下三种。

1. 记叙散文

即记述事件的文章。它是以刻画人物形象和记叙事情内容为主的一类文本，往往在记叙事情的过程中穿插讨论或抒发，称为夹叙夹议。

记人散文常选择人的一个侧面或某些人生片段，来叙述人物经历，以刻画人的个性特征；叙事，通常集中在对一个典型的具体情境叙述事件，并通过具象，或写景状物表达主体内容。

记叙散文的开端通常采用感情化的话语概括介绍主人公"我"与人物的联系，介绍其人时往往运用肖像刻画、形象描绘等，继而是关于其品格的讨论。

文章的中间部分，围绕着某件事的发生、发展和结局进行详细的描述；或者围绕着某几件事展开叙述，进而对某人的精神气质产生议论；或者将某几件事连贯起来对某人的感情体验进行议论。

2. 抒情散文

抒情散文以表达自己的社会生活意境为重，常采用比兴、意象、拟人的表现手法，即景生情、托物言志，所有的景和物都成了诗人抒发感情的主要媒介。

抒情散文的开端，或说明作品与景色之间的关联，或议论景色与作家自身的渊源。中心部分内容，以写景状物，触景生情，感物咏志。结论部分，引起思考，发表感悟，深入主题。

3. 说理散文

说理散文又名议论散文，一般围绕着某个充满哲学含义的中心思想，通过运用抒情、记事、议论等手段，融汇个人体验、情感才智、学养才情，阐述一种深邃的哲学道理。行文内容可以精骛八极、心游万仞、包罗万象，给人以深刻的哲学启发。

四、微诗

(一) 微诗的定义

微诗，即微小诗篇，一般为仅有几行字的小诗。诗词精短、滴水见海、内容博大、意境深邃。

中国古代禅宗的偈文是微诗的原型或者鼻祖。比如："菩提本无树，明镜亦非台。本来无一物，何处惹尘埃！"

顾城的短诗《一代人》："黑夜给了我黑色的眼睛/我却用它寻找光明。"卞之琳的《断章》："你站在桥上看风景，看风景的人桥上看你。明月装饰了你的窗子，你装饰了别人的梦。"这也是微诗中的经典之作。

（二）微诗的写作要领

1. 灵感迸发

优美的诗歌来自灵性的迸发。所谓灵感，就是说当人类在进行的文艺、科学运动中，理论思维、形象思维和审美直觉在瞬间融合，形成具有创造性的突发想法的现象。所谓灵感，也就是产生创意思想。

灵感源于我们对生命的体验，是长时间的积淀与瞬间的迸发，从抽象到具体的变化历程。

2. 遣词造句

微诗是遣词造句的艺术，好的诗歌就是将文字与词语巧妙地排列组合。这种结合具有创新含义，充满诗情画意的无穷张力，也蕴涵无穷乾坤。唐代文人卢延让在其《苦吟》中写道："吟安一个字，捻断数茎须。"由此可见，妙言佳句的来之不易。

3. 提炼主题

寥寥数句诗词，让人念念未忘、余韵绕梁或令人深受感染、得到启悟，这便是主题思考所产生的重要意义。好的题材能使微诗更加具有深意。

4. 营造意境

经典微诗犹如电光石火，以奇妙而又经典的意象和意境来点燃读者情感世界的烛光。意境是我国传统美学的一个重要范畴，它是构成艺术美的不可缺少的因素，也是作者的主观情志与客观物象相交融而形成的审美境界。优秀的诗歌作品大都通过美妙的意境呈现一种瑰丽的艺术境界。意是境的灵魂，境是意的依托。诗人一般通过借景抒情的方式，使诗歌达到情景交融的效果，诗中景物和情感虚实辉映，令人浮想联翩，具体而真实的意境就此生成。

5. 巧用手法

微诗要说得精彩、有创造性和深刻的含义，就必须巧妙地综合运用比喻、夸张、借代、对偶、排比、设问、反问等各种修辞方法，以及运用写景抒情、伏笔照应、托物言志、借古讽今，以及对比、反衬等艺术表达手段。

6. 寓情于理

微诗的最高境界是在情景交融中蕴涵哲理。它不仅是作为哲理诗歌来说，而是一篇微诗作，其充满诗情画意的字里行间，蕴含着丰富深邃的哲学思想，更可以使人读了以后，产生一种对生活、命运、社会和世相关系的深刻反思。这也使它进一步增强了人们思考的力度和人文的厚度。

五、微评论

（一）微评论的定义

微评论在这里指的是对文艺类的微观批评，即指利用有关概念和技术，用相对简单的话语方式，对有关文艺作品和文艺问题加以分析、体验、讨论、评论的一类新兴文艺流派。

（二）微评论的宗旨

微评论的宗旨，是阐述在文艺作品和文学现象中的审美价值与思考内容，并研究文艺创作的方式与规律，以便于进一步提高文艺创作水准；同时指导和帮助读者正确地认识文艺作品和文学现状及思潮，从而提升艺术素质和文学鉴赏能力。

（三）微评论写作要领

1. 精读作品

精读是评论的基础，先要精读（包括视、听）文学作品，只有彻底了解并充分把握文学作品的内涵与思想，才可以进行评价。在广泛和细致地研究文艺作品的同时，还需要更深入地研读作家的其他著作和生平资料，以便于对创作过程以及他的作品特色都有一个更全面系统的认识，并对其思想内容产生更基本的洞悉力和产生情感共鸣，并提出自己独特的创作观点。

2. 确定主题

微评论的写作，主题的选择和确立是成功的关键。作家要在广泛和深刻地研读小说的基础上，选取和明确批评的核心问题，确定评论的方式和对象，并有的放矢地对评论对象进行品鉴。评论不是一味地批评和吹捧，评论者首先要提升自身的鉴赏能力，具有专业的知识文化素养。其次，要以客观的态度进行评价，坚持公正、专业的态度。

在决定评论作品的题材以前，先要正确选择具有评论价值的文学作品。并非所有文学作品都能拿来评价的。文学作品自身的思想性、艺术性和美感价值直接决定评论的价值，并能够帮助和带动读者提升文学艺术鉴别能力，共同获得美的享受。

当然，某些代表另类的、小众的甚至在一般价值观念的衡量下有争议的作品，也是值得评论的。评论这类作品，可以帮助读者从中更为透彻地分辨美丑、真伪与善恶。

在选择评论的同时，首先要判断作者的实际价值，对当下社会、对广大读者来说是否具有正面的价值；另外，注重选择与本人的兴趣爱好、专业知识、研究背景、学术领域相吻合的，可以把握得好、有体会与想法的题材的文学作品来加以评析。

3. 展开评论

文学作品的评论通常是围绕着以下几个方面展开。

（1）文学作品的最主要内容，也就是向人们说明作品的主要内容；同时把小说的创作者的经历和自身的感受相互联系，有助于人们进一步了解小说所要传达的含义。

（2）文学作品的核心思想，就是在深入欣赏（视、听）文学作品以后，概括出作者的核心思想。

（3）文学作品的创作方法，是指作家为正确地表达创作内容、并达到自己的表达目的，而采取的创作技巧。介绍作家的创作技巧，将有助于人们更好地认识小说。

（4）文学作品的创作特点，也就是文艺作品中所表现的强烈而又鲜明的形象与风格。这是作者在作品的不同题材、体裁、艺术手法、表达方式、时代、民族、地域等客观因素影响下的主观呈现。要客观公允地评论一篇小说，首先要合理地剖析小说的写作风格，以便与读者产生共鸣。

（5）文学作品的艺术价值，指的是文艺作品对读者所产生的特定的价格定向。优美的文艺作品通常都可以给读者带来一定的优美印象，进而使读者形成对美的意识和体验，从而得到对艺术美的陶冶。好的文艺评论通常都能够准确地说明作品的认识价值和美学价值，并积极地指导读者认识和掌握作品的思想内容和主要含义。

微评论写作，首先要求写作者要有鲜明而又正确的观点，对作品的优劣与成败得失要有一个准确的判断和评价，这是微评论的中心论点。其次，必须具备充分而有说服力的论据，对作品的故事情节、人物形象、艺术手法、语言风格、细节表现等进行细致入微的分析，引用准确可靠的、具有说服力的论据材料来论述自己的论点。再次，作者应善于采用一定的、合乎逻辑推理的分析手段（演绎法、例证法、对比法、类比法等）加以阐述。最后，要与时俱进，文艺观念和思潮是随着社会的进步和时代的变化而不断更新，文艺评论的理论和术语也随之不断更新，所以要不断学习新的文艺理论、语言学、修辞学和美学等相关知识，使评论紧跟时代步伐，并且富有文学性和时代感。

第四章 新媒体"微"剧情作品写作

第一节 新媒体微纪录片写作

一、微纪录片的定义

纪录片是用影像讲述非虚拟的真实故事。它是运用电影、电视等的视听语言，系统地记述和呈现真实的日常生活，同时通过剪辑和拍摄技术使普通的日常生活画面充满艺术化的影像特征。

纪录片具有生活的真实性和艺术的审美性。"纪录影视"一词是关于纪录片的最早表述，最先出现在英国纪录片大师约翰·格里尔逊对影片《摩阿纳》的评论文章中。人类最早的电影，几乎都是以纪录片的形式呈现的。世界上最早的电影《朗德海花园场景》虽然只有短短的两秒钟，但这部影片实际上就是纪录片最初的雏形。

微纪录片是信息媒介时代兴起的一个新兴的形式。新传媒为微纪录片的制作和宣传创造了巨大的机会。微纪录片为了适应网络、手机等新媒体、自媒体的传播需要，与过去的纪录片相比较，除了时长短（一般10分钟左右）之外，还具有制作简便、周期短、成本低、个人化、手机拍摄、实时报道、传播便捷等优势。

微纪录片是呈现瞬间的历史和正在发生的真人真事，用真实故事来打动人心、传播思想的一种精短的、碎片化的影像艺术形式。

每个人都可以成为微纪录片的制片人、编剧、导演、演员和观众，都可以成为生命状态、现实生活、时代风貌、历史进程的某个片段的纪录者和传播者。

二、微纪录片的特征

微纪录片具有简短性、专一性、互动性、现实性、原创性、真实性、艺术性、思想性、人文性、审美性等特征。

（一）简短性

简短性是微纪录片的主要特点，这一特点适应了新媒体时代受众碎片化阅读的现状。当前，微纪录片的数量不断增多，受众越来越广，但是关于微纪录片的具体时长问题，目前业内暂未对其进行统一设定。例如，在我国几部备受好评的微纪录片中，它们的播放时长也有较大的差别。《插旗》的时长为4分18秒，《花朵》却有29分钟。一般而言，微电影一般为10分钟以内，不超过25分钟。微纪录片之"微"，主要在于方便新媒体传播和适应受众快节奏、碎片化的欣赏需求。

（二）专一性

微纪录片篇幅的简短性决定了其主题的专一性。微纪录片通过现场录播方法，记录了当下的日常生活片段，这就需要其题材要和主题相符，所以在较短的时段和篇幅里，微纪录片即使用到较多素材，但主题一般一致，不会给人凌乱的感觉。

（三）互动性

新媒体时代的微纪录片，以镜头对准普通百姓，聚焦寻常生活中不寻常的故事。它使纪录片从精英走向草根，由小众走进大众，使原创者、传播者、受众都能充分参与和互动。

（四）现实性

微纪录片因其短平快的特点，使得创作者可以随时个性化地记录身边的突发事件、热点问题、人物故事等社会现实。

（五）原创性

原创性是微纪录片存在价值的关键，它要求创作者撷取现实生活中的某事件的鲜活片段，记录某人物故事的感人情节，呈现大众普遍关注的某热点问题。切忌"搬演"和"转引"。

（六）真实性

真实是微纪录片的灵魂，也是微纪录片受到欢迎的基础。这需要艺术家以真实、科学、严肃的心态，以非虚拟的手段，在现实生活中提取材料，完成拍摄。切忌运用非纪实手法的"呈现"和"虚构"。微纪录片必须有新闻的属性，否则就成了虚构的微电影。"真实地再现"和"艺术化呈现"，是纪录片和电影的本质性的区别。

（七）艺术性

微纪录片是新媒体时代，人们记录现实生活、表达自我情愫的一种话语表达形式。其艺术性表现在于其具有审美的功效，这需要创作者提炼并把握事物的本质，并用纪实手段完成拍摄。这是微纪录片区别于人们记录普通生活视频的主要标准。目前，许多原创微纪录片，整体质量普遍不高，往往停留于照搬现实生活、简单表达日常内容，没有个性化的表达和思考，缺乏微纪录片应有的艺术性效果。

（八）思想性

思想性是微纪录片的核心，反映了艺术家在创作时持有的态度、见解和倾向性，以及对创作内涵的理解、判断和看法。因此，纪录片的思想性就是创作者主体能力的真实体现。缺乏思想性，就不成其为微纪录片，与人们日常生活中自娱自乐的视频无异。

（九）人文性

纪录片记录的对象大多为人，关于人的本质动力、生活状况、文化积累、人格命运、人与自然之间的关系、人对宇宙世界的思考，表达了某些个别性的事物，却蕴含着人们具有通感的生活意识与人生体验，并追求更深刻的人类含义、人文品格与生命永恒的主题。它不像专题片有着或隐或现的宣传的功利性。

（十）审美性

纪录片因为有着独特的"纪实美"而深受观众喜爱。随着作品中的真人、真事、真实状态的客观展现，观众的审美需求得到满足、精神得以净化、情操得以升华。所以，纪录片必须拍得美，应在客观纪实和艺术造型之间寻求最佳平衡，采用多元的、开放性的叙事手法进行创作，使观众获得美的享受和审美思考。

三、微纪录片的种类

目前，对微纪录片并没有明确的分级标准，但根据影片的主题可以分成以下几种常见的类型。

（一）时事纪录片

这是一种关注新近发生的新闻事实的纪录片，它以新闻事件为核心内容，利用纪录片特有的属性和功能，将事件多维度地展现给观众。比如纪念抗战胜利 70 周年的纪录片《东方主战场》等。

（二）政论纪录片

这种纪录片主要通过真实影像对政治现象进行评价并加以阐述。它借助电影的科技力量和美学特性，利用直观的图像材料加以阐述，具有形象性与思辨性相结合的性质。所采用的影像素材不受时间限制，历史和现实均可。比如《历史的抉择》等。

（三）历史纪录片

历史纪录片反映既往的历史人物生活与故事发展。这类纪录片需要正确表达历史的面目，尊重历史的真实，追求客观性。同时也要具备历史文化意义，并能够利用历史文化影片资料、历史文化图片、出土文物、文化遗址或美术作品等加以拍摄。比如《大国崛起》《故宫》等。

再现历史有三种方法：

（1）引用文献资料，充分利用解密文件、图片资料和影像资料等，尽可能重现历史的细节，还原本来面貌。比如《敦煌》、电视栏目纪录片《百年中国》等。

（2）口述历史，通过与历史事件相关的人物讲述其个人经历和历史体验，展现一个个体的、非全景式的历史面貌。虽然讲解员所阐述的信息可能具有个人见解，片面零散，存在不确定性。但是，如果可以正确运用，就可以使史料更加丰富、内容更加生动真实。讲解员的同期声贯穿在解说词中，对故事叙述有着锦上添花的效果。比如《我的抗战》、口述历史纪录片《人证》等。

（3）场景重现法是对历史场景复原再重现的另一种表现手法。它是在历史纪录片写作中，因为历史资源不够丰富而在整个故事中进行的一个无奈而有效的表现手段。在历史纪录片中的角色作为在当时特殊的社会环境里的一种存在，需要借助解说词或字幕来辅助表现心灵活动和具体事件。比如《敦煌》《玄奘之路》等。

（四）科教纪录片

科学技术电影除具备了普通电影的真实性以外，尚有传播科学技术、运用新方法，以及宣扬科学技术文化精神的作用。科教纪录片节目的真实性是建立在传播科学技术的基础上的，而艺术性则是使科教纪录片节目得以更有效地传递科学技术信息的关键因素。所以，优秀的科教纪录片是科学性和艺术性的完美结合。比如《海上传奇》《双面抗生素》《企鹅大帝》等。

（五）人文纪录片

人文纪录片就是用精致而又简洁的镜头语言记录人类历史文化内涵的影像作品。它要求创作者具有较高的文化素养、深厚的人文情怀、较强的社会责任感。人文纪录片将人类在改造自然环境的过程中生生不息的人文精神以影像的形式呈现出来，有尖锐的批判与深刻的文化反思等内容，使观众参与其中并引发思考。比如《大国崛起》《圆明园》《南京》等。

人文纪录片要走向世界，在主题思想上彰显中华文化精神内涵，突出民族特色的同时，还需要提高摄制质量和技术水平，确保图像清晰、音频信号稳定。

（六）传记纪录片

传记纪录片是记录人物生平或某一时期的人生经历的影像作品，其类型包括人物传记电影、角色速写等。传记纪录片要求记录的对象必须是特定的真实的人物，人物和故事情节不能杜撰和虚构。比如，《迈克尔·乔丹》《百年巨匠——郭沫若》等。

（七）地理纪录片

地理纪录片是探索某一特定地区的自然环境状况，或介绍特有的民俗文化、城乡风貌的纪录片。如《行星地球》《云南味道》《纳西纳西》等。

（八）专题纪录片

这种类型的纪录片围绕着一个专门的话题进行拍摄，通过非虚构的艺术手法，通过记录人们在现实生活中的真实的画面和原始的影像资料，客观地表现事件的原始样貌。比如，《紫禁城》《近代春秋》《漫游世界》等。

二、新媒体微纪录片写作实践

（一）选题

选题是脚本写作中的最初环节。选题过程和选择播种农作物类似，你到底是要收获什么，要看你种下的是多少种。选题的好坏往往决定纪录片的成败。从某种意义上来看，一个好的选题，就相当于纪录片已经成功了一半。否则，选题不好，拍摄、制作、解说词再怎么好，也是无济于事甚至南辕北辙的。

如何甄选和确定纪录片的选题？选题首先必须打动你自己，而后才可能感染别人。也就是说，好的选题必须具备感人甚至震撼人心的力量。具体可以参考以下内容。

（1）选题是否具有人文情怀，能否吸引受众的眼球？

（2）选题是否具有时代精神、历史价值、社会普遍性意义？

（3）选题是否符合公序良俗和人类共同价值观？

（4）选题的事件是否具有典型性，社会环境、人物命运、性格特征是否具备纪录片的要素？

（5）创作视角是否突破常规，另辟蹊径，有哪些创新之处？

（6）选题是否具有可操作性，也就是说，能否拍到或搜集到丰富的镜头、视频等素材？

（二）提纲

故事提纲可以使拍摄流程变得更加清晰、流畅。它就像学生在创作、练习、探索、发言、议论等的活动中，需要把握的重点的、核心的、大纲式的内容。确定纪录片的选题后，就要着手提纲的写作。写作纪录片提纲，应紧紧围绕着"为什么拍""拍什么""怎么拍"三个核心问题。解决了这三个问题，大纲算完成了。

1. 微纪录片提纲的结构

（1）初步划分段落

为纪录片后期制作提供内容层次和先后顺序的参考。

（2）确定风格样式

不同的题材采用不同的创作风格。例如，采取了纪实的手法还是艺术表现的手法，突出文学性还是强调新闻性，是以叙述历史为主还是以表现情感为主等。

（3）确定解说词、同期声、音响、音乐等内容

提纲是建立在熟悉素材的基础上，明确主题和立意，有选择地组织搜集形象素材。

2. 微纪录片提纲的主要框架

（1）主题

主题是微纪录片所要表达的主要内容和中心思想。

（2）意义

微纪录片中传递和交流的精神内涵，所体现的价值和作用。

（3）宗旨

微纪录片所呈现的主导思想，主要旨趣和意图。

（4）内容

微纪录片所要告诉人们的实质性的内涵。

（5）受众

微纪录片信息传播的接收群体。

（6）结构

微纪录片各个组成部分依照内在的规律有机地排列组合。

（7）进度

微纪录片创作的进展速度。

（8）要求

微纪录片在创作过程中必须实现的愿望，想要达到的具体目标。

（三）脚本

脚本指话剧、电影、电视等拍摄时所依据的底本，亦即书稿的底本。脚本能够决定一个作品的结构逻辑与情节纲要，决定作品的情节走向。

脚本不同于剧本，脚本只是框架性地、粗线条地规定作品的发展方向，没有具体的人物对话、动作、内心独白等细节性的内容。剧本就是根据脚本提供的大纲设置人物故事、性格命运、戏剧冲突、社会环境等详尽的文本。

同样，微纪录片的脚本就是为解说词创作提供的一个纲领性的底本。也有的纪录片将创作好的解说词与脚本融合在一起。

（四）解说词

电影电视是一种视听艺术，作为影视作品种类之一的纪录片，也是通过画面和声音来讲述故事内容、表达主题思想的。纪录片的解说词就像黑夜里的一盏烛光，让人看清黑暗中未知的世界。解说词的意义在于阐述画面外的信息，表达作者的观点，烘托人物的思想情感；使观众的联想思维和对画面所产生的视觉感受相融合，使画面的意境得以延伸，主题内涵得以深化，精神主旨得以升华。合理而巧妙地运用解说词，能使微纪录片锦上添花、情景并茂。

解说词的写作要领要遵循如下原则。

1. 真实性与旁知性结合

由于真实性是微纪录片的生命，解说词起着解释、说明微纪录片画面内涵的作用，这就要求解说词也必须具备真实性，不能杜撰虚构不真实的内容信息。

叙述学中的叙述视角分为旁知视角、自知视角、次知视角以及全知视角。不同题材的作品采用不同的时态，具有不同的叙述视角。创作现在进行时的作品，最好运用旁知视角（即以作品中次要人物的特定观察角度进行叙述）；过去进行时的作品，用自知叙述视角（即叙述者就是作品中的主人公自己，采用第一人称的叙述方式进行叙事）；现在进行时与过去进行时交叉的作品，可用次知叙述视角（就是以作品中的主要人物为特定观察者的角度来进行叙述，通常以第一人称出现）；创作历史题材的作品，往往用全知叙述视角，又称上帝的视角、万能视角（即叙述者全知全能、无所不知，作品中的人物、故事、场景等全部掌控在手）。

微纪录片是以关注当下现实生活为主的影像体裁，因此应运用旁知视角去创作解说词。旁知视角是运用他人的视角观察社会、审视世界，客观真实地关注事物的全貌，其情感倾向、观点看法就是作品的思想和立场。这就使微纪录片更具新闻性、纪实性、真实性和权威性。

2. 艺术性和弥补性并存

微纪录片具有艺术性的特征，这就要求解说词具有一定的艺术性和审美价值，能够艺术地呈现生活中有价值的人物和事件，不能单调呆板地、缺乏艺术含量地叙述生活原貌。

微纪录片面对的受众文化层次不一、审美情趣各异，他们对作品的画面内容、作者意图的理解也不一致，可能产生某种疑问甚至误解；同时，如果没有更为恰当或理想的画面和音响来表达作品深层次的思想含义，解说词就可以弥补其中的不足与缺憾，使作品更加完美。

3. 协调性和融汇性统一

解说词是微纪录片的一部分，它要配合画面和声音出现，不能独立存在。解说词要符合图像的长度、大小，声音的旋律和特点等，与图像的音乐有效配合、充分融合，如实地记录现实生活中的人与物。在作品中，画面、声音、解说词这三者，任何一方都无法独立地传递信息，而当画面和声音都无法较为理想地表达影片内涵时，解说词则起了关键的衬托效果。当需要画面、声音来表现时，解说词则让位给画面和声音。作品在转场、过渡时，没有合适的画面和音乐来表现，解说词起着承上启下的衔接作用。

4. 解说性与提升性融合

解说词是对画面内容进行提纲挈领的解释、说明、深化和升华。它不是简单地介绍和机械地描摹画面，而是对作品中画面和音响无法表现的主题思想和美学内涵，进行补充、完善和提升。

5. 唯美性和通俗性互补

微纪录片是一种视听艺术,解说词要求具有唯美性和通俗性。也就是说,创作解说词时,既要考虑其文学色彩和人文情怀,又要兼顾适合播音员读和受众喜爱听的因素。必须朗朗上口,忌用生僻字、谐音字、长句、艰涩句。多用响亮、明快,富有节奏感、韵律美的短句和口语化、唯美的言辞。应尽量做到解说词与画面、音乐完美融合,唯美性与通俗性互补。

6. 形象性和精练性兼备

由于微纪录片具有艺术性特征,这就要求解说词配合画面生动形象地呈现给广大受众,使受众受到感染、启迪和共鸣。因为微纪录片的简短性,要求配合画面的解说词也必须精短凝练,要惜墨如金地用最具说服力、感染力的精彩语言描绘画面内容,从而丰富、升华作品的文化内涵和精神境界。

第二节　新媒体微电影写作

一、微电影

微电影,国外称为电影短片,是指运用新媒体制作、传播、播放,适合在移动状态下观看的有完整故事情节的微型电影,微电影具有如下特征:

(一) 简短性

微电影最显著的特征就是简短。其简短主要表现在两方面:一是由于微电影的宣传、放映（甚至制作）往往是借助手机、平板电脑等移动电子设备来进行的，从而要求微电影篇幅简短、内涵丰富，以便于观众利用新媒介下载、传递、播出；二是在当今社会，随着人类的阅读习惯逐渐进入了标题时间、读图时间，简短使得人类可以在不确定的短暂时光内，随机地观看相对完整而又短小精悍的微型影片。

（二）大众性

微电影的制作品质要求不严、门槛较低，人人都可以做制片人、编剧、导演、演员、发行推广人和观众。因其主要通过新媒体传播，画面的像素和清晰度也要求不高，所以对拍摄设备也没有特别规定，可以用摄像机，也可以用照相机，甚至可以用手机、平板电脑等新媒体摄像设备。

（三）时代性

微电影的时代性有两层含义：一是微电影是随着互联网技术的广泛应用和新媒体的普及应运而生的一种新的媒体传播形式，因其通过新媒体的传播方式，和过去的电影短片有所区别，因此具有明显的时代特征；二是微电影在选择题材时，要求立意新颖，具有一定时代感以及思想深度和审美高度，聚焦大时代背景下的小人物的故事和命运，从而唤起某个人群的集体回忆和思想共鸣。

（四）广阔性

微电影传播的渠道非常广泛，常见的平台有：腾讯视频、爱奇艺、优酷、百度视频、迅雷、新浪微博、搜狐视频等。这也是近年来微电影得以突飞猛进发展的主要原因。

（五）习惯性

随着新媒体的迅速发展，移动视频越来越普及，通过视频获取资讯，渐渐成为大部分受众的生活习惯（人们戏称手机是当代人类的新型鸦片），人们习惯性甚至心理依赖性地浏览 QQ、微信、微博、豆瓣网等。这种大众性的习惯使得微电影拥有广泛的受众群体。

（六）互动性

新兴互联网为微影视的制作、宣传、推广创造了巨大的市场前景。只要有兴趣，人人都可以利用自己的手机、相机等摄影器材从事或参与微电影的制作、传播和推广，都可以写影评参与微电影的宣传和营销。

（七）专一性

微电影的简短性决定了其主题的专一性，在短小的篇幅里，在有限的时间和空间里，只能表现内容单一的故事，集中精力塑造一两个典型人物形象，无法呈现庞杂繁复的主题内容。

（八）商业性

随着微电影的日渐普及，其商业性也不断彰显出来，微电影的商业色彩也越来越浓厚。如果要拍出高品质的微电影，就必须有一定的资金做保障。为解决资金问题，在微电影中自然会以各种方式植入一些广告元素，为投资者的企业或产品做广告宣传以作为回报。

二、微电影广告

随着微电影的兴起，广告开始电影化，微电影广告优势十分明显。

（一）微电影广告的优势

（1）同一产品广告，向电视、报纸等传统媒体投放，其广告收入往往是微电影制作费的数倍；而一部精彩的微电影，可在网络、手机等各种新媒体上获得受众广泛的、持续性的传播，其广告效应是滴水投入、涌泉回报。

（2）电视、报纸等传统媒体广告投放，会受到播出档期、时间、次数以及刊出日期的限制，刊播日期和档期一过，广告就失去了持续性的传播效应。而微电影中的广告不受限制，可以长期在广大受众中传播。

（3）微电影广告投放，对目标受众群体定位十分精准，能直达有效消费群体。因为，新媒体移动视频用户群体主要是学生、上班族等，他们有网上购物的习惯，也是最有消费欲望和持续消费能力的人群，这一人群接受新生事物的能力强，广告效果尤为明显。

（4）微电影广告较之于传统媒体广告，更具有隐蔽性和唯美性。它是将品牌通过"理念植入""道具植入""场景植入"等方式融入微电影的元素里，尽可能地避免客户对所植入产品的企业产生厌恶情绪；它可以将产品恰到好处地呈现在受众面前，既推广了产品品牌又巧妙地为企业树立了形象。

（二）微电影广告植入

1. 理念植入

又叫主题植入，这是微电影广告植入的最高境界。它往往采用定制的模式，将某品牌的内涵通过故事情节呈现在剧本内容中，使其自然而然地演绎品牌的精髓。这种方式既能提升品牌的知名度和影响力，又能给受众带来美的享受。它和专门介绍产品成长历程、企业文化、品牌理念等的宣传片、专题片有着本质的区别。微电影是观众主动接受，而宣传片、专题片是观众被动灌输。

2. 题材植入

即专门为某一品牌拍摄影视作品，详尽地演绎品牌的初创、成长、发展、壮大的历史以及企业文化理念等。

3. 明星植入

微电影中的主角（明星）通过个性化的台词、动作行为，巧妙地表现某品牌的功能、价值或文化内涵，凸显品牌的理念和优势。

4. 道具植入

把商品当作影视作品情节中的道具，如汽车、笔记本个人电脑、手机、服装、彩妆、生活用品等，借助剧中角色的使用或互动，把商品展示给消费者，从而增加自己的吸引力。

5. 剧情植入

既可将某品牌设置为故事情节的中心，或作为故事中某个标志性的元素；也可以通过剧中人物的台词，提及、美言、特指或暗示某一品牌的优点，或剧中人物使用某品牌时，演示其用途和性能。

6. 台词植入

将某品牌融入影片主要人物的台词中，通过主要人物的对话来宣传品牌。有些经典的台词，往往让人难忘和深思，甚至成为风行一时的流行语。

7. 场景植入

在影视作品中，通过不断出现的画面（如墙体、户外广告牌等）显示的标志和讯息；也可将某企业的主要生产或办公地点（风景名胜、旅游景点、酒店、度假村、工厂、公司等）用作电影取景的地点。

8. 音效植入

通过微电影的插曲或主题曲中的歌词和旋律、画外音，剧情中的电视广告、手机铃声等，引导受众对植入产品的品牌产生联想，从而达到宣传效果。

三、微电影剧本写作

(一) 剧本

俗话说："剧本，乃一剧之本。"拍摄微电影，首先要有完整的剧本。演员根据剧本里的场景、情节、动作、对白进行表演，摄像师进行拍摄，继而进行后期制作成片。

1. 剧本的含义

剧本是一种典型的艺术表现形式，是话剧、电视艺术创作的文本依据，又是艺人演出的实际蓝本。正如一名影片编导，可以用一个不错的剧本拍摄很糟糕的影片，但绝对做不到用一个非常不好的剧本拍摄出非常好的影片。可见，剧本在戏剧和影视中的地位十分突出。

2. 影视剧本的形式

影视剧本的制作流程中，出现文学剧本与分镜头剧本两种形式。

（1）文学剧本

文学剧本具有突出的艺术性特点，阅读起来有一定的难度，因为剧本创作过程中用到了蒙太奇表现手法来搭建故事的主要框架和内容，对影片的主题思想、故事情节、人物关系、场景环境、叙事风格等进行完整而细致的表述。

（2）分镜头剧本

分镜头剧本又称为导演脚本、工作台本。通常是导演对编剧完成的剧本加以研究并分类以后，采用影像化方法，以绘制草图或列表的形式，把文本情节划分为摄制时的影片片段，标明各个片段的情节、时间、景别、拍摄方法、对白（或解说）、配乐、声音、特技等。

3. 微电影剧本的要素

微电影剧本包括：主题内容、背景环境、人物关系、激励事件、矛盾冲突、故事结局等主要要素。

（二）微电影剧本写作要点

1. 提炼主题

微电影主题的选择和提炼至关重要，应选择有人文内涵和社会价值的新颖的主题来写。一部优秀的微电影作品需要满足观众对审美的需要，具有明显的艺术价值，同时也要具备一定的思想性，使观众在观看之余产生共鸣、获得启发，进而产生对世界、对生活及有关方面的思索。电影虽然不同于人们的真实生活，但它源于生活，真正的电影应该能满足人们的一定幻想，让观众在看到不一样世界和人生的时候，激起他们对自己人生的想象和反思。

2. 从尾写起

微电影是从头看到尾，剧本却是从结尾入手，最后写到头。一部好的微电影结尾往往是出人意料的。这就要求微电影编剧在下笔之前首先要想好故事如何结局。好的结局让人出乎意料，并能让观众参与创作而余味无穷。

对于结局，编剧和观众正好相反，编剧不知道结局，就会像脱缰的野马、无头的苍蝇，漫无目标、迷失方向；观众不知道结局，神秘感和好奇心驱使他们静静地观看剧情，等待结局是不是和自己所预料的一样。好的结局，往往会给人带来惊喜、感动或震撼。

3. 先声夺人

叙事类的文艺作品，无论是小说、散文，还是电影、电视剧，都需要有个精彩的开头，所谓"先声夺人""语不惊人死不休"。而对于篇幅短小的微电影来说，开头就显得尤为重要，必须首先紧紧抓住观众的注意力，影片一开始就要巧妙地设置矛盾冲突，要有关于危急事件的暗示内容，让观众悬着一颗心走进影片的剧情世界。

4. 时空集中

微电影剧本是用文字描述整部影片内容以供表演和拍摄的蓝本，内容包括对影片中的场景、人物、对话和动作的描述。它不同于小说、诗歌、散文等文学形式，不受时间和空间的限制，可以信马由缰地自由挥洒，心游万仞地进行描述。微电影也因为其简短性，将写作的所需要时间、环境、角色、剧情发展等高度集中于限定的时空之中，因此故事十分紧凑，重点突出。

5. 冲突激烈

所有叙事性的文艺作品都离不开矛盾冲突，它是推动故事从发生、发展走向结局的原动力。矛盾冲突是戏剧的生命，微电影剧本更加要求故事中的矛盾，在有限的时间和空间里发生激烈的冲突。随着激励事件的步步推进，矛盾纠葛的进展、危机、高潮、结局，接踵而至。

微电影中的矛盾冲突有着至关重要的意义，有了矛盾冲突就会引起观众的关注，引人入胜。它就像一根无形的绳索，牵引着观众走进微电影的艺术世界里。

6. 巧设悬念

微电影的悬念，就如同注射给观众的兴奋剂，巧妙地设置悬念，是一部微电影成功地博取观众注意力的关键。它能使人们对故事发展和结局产生多种揣测和推理，从而自然而然地参与编剧的创作，引发诸多念想和期盼。

7. 台词鲜活

剧本中的台词就是剧中人物所说的话语，是编剧用来刻画人物个性、塑造人物形象、展示故事情节、体现作品主题的主要方式。台词包括对白、独白、旁白。微电影的台词要求鲜活、时尚、幽默、风趣、有时代感、能打动人心甚至能成为风行一时的流行语。

8. 了解观众

编剧写剧本，首先要了解观众的审美取向和市场需求，必须投其所好，摸准观众的痛处，挠到观众的痒处。这样的作品才有生命力。否则，编剧只顾自己的情感释放，不顾观众的兴趣嗜好，写出来的剧本，即便搬上银幕，也必定是车马稀疏、门可罗雀。了解观众，对于微电影剧本的编剧尤为重要。

有人这样形象地比喻编剧：编剧是个爱无中生有（虚构）、挑拨事端（冲突）、忘恩负义（催泪）、天怒人怨（激怒）、惨绝人寰（高潮）的"恶人"。

9. 使尽解数

为了使微电影精彩，编剧必须使尽浑身解数，穷尽毕生才华，使剧本故事超凡、情节跌宕、扣人心弦、奇境迭出、颠覆视觉、震撼肺腑、余音缭绕。

（三）微电影剧本写作应注意的问题

1. 人物

微电影由于时长所限，剧中人物越少越好，一般是一个男主角和一个女主角，以便于在有限的时间和空间里，描绘典型人物的情感细节，塑造人物形象。假若在一部微电影里设置了一群人物，观众在这短短的时间里可能连一个人物都记不住。

微电影不同于电影，电影至少可以设置两个正派人物、两个反派人物；更不像电视连续剧，除了正反派主要人物之外，还可以设置群像。比如，《水浒传》《琅琊榜》《大宅门》《闯关东》等。

2. 故事

微电影剧本要求故事单一、情节精彩，所有故事情节都是用来塑造人物形象的，都要围绕着主要人物展开。一般来说，经典电影都是故事简单而又精彩的。譬如《少年派的奇幻漂流》，就讲了一个少年在海上流浪的事件，少年派全家罹难，他和一只孟加拉虎，在救生船上漂流了227 天，人和老虎之间产生了某种相互依存的微妙关联，最后同舟共济，获得新生。

《肖申克的救赎》中介绍了美国青年银行家安迪突遭冤枉，被控谋杀，被判处无期徒刑但最终凭借自我获得救赎的故事。安迪在狱中仍未放弃对生活的希望，一直渴望自由并为之努力，最终成功越狱，并揭发监狱长犯罪事实。虽然这部电影的故事情节十分简单，但是故事内核却极为经典，能够在不同程度上使人产生共鸣，深受感动，因此它也成了世界公认的最经典的影片之一。

3. 格式

影视剧本不同于小说、诗歌、散文等文学体裁，纯粹用文字来表达作品内容。剧本是用画面语言来表达作品内容的，也就是用文字来描述一系列的场景、人物对话、动作等画面，供导演再次创作并引导演员进行表演。它有着固定的行文格式，包括：场次标题、场景概述、人物动作、语言对白（含画外音）等。

4. 表达

影视剧本是用镜头语言来呈现剧情的，所有内容必须以画面形式进行表达。它不像小说、散文等题材，一切内容都是通过文字来表达，读者通过阅读文字来领会作品的内容和思想含义，通过阅读文字产生联想，构建故事情景与人物形象。

小说、散文等文学类题材，不仅可以直接描绘景物、抒发感情，还可以直接刻画人物的心理活动。而剧本就不能直接用文字来表达人物的思想感情（包括梦境、回忆、妄想、潜意识等）。例如：小说里写某人回忆起自己童年放风筝的情景。影视剧本必须用闪回、叠化、淡入、淡出等形式，将镜头转向一个儿童在阳光下的草地上，手拿风筝线、仰望天空放风筝的画面，或者采用内心独白、旁白或画外音的方式来交代这一回忆童年的心理活动。影视作品应尽量少用内心独白、旁白或画外音，因为，影视是一种视听性的观赏艺术，主要以画面来演绎剧情。

5. 对白

影视剧本是一种画面艺术，不能用过多的语言对白来交代剧情。对白是根据剧情的需要而设置的人物语言，不宜过多或过于冗长；否则，就会使剧情呆板、枯燥而又沉闷，失去动态感。所以，剧本人物对白越精辟，剧情越生动；对白越少，画面感越强，越具有视觉冲击力。

第三节　　新媒体网剧写作

一、网剧的定义

网剧，又叫网络剧，是专门为网络平台而拍摄制作的、通过互联网传播的一种新型剧种。它包括单元剧和连续剧两种形式。连续剧一般有10~30集。

二、网剧的特性

（一）网剧的特性

较之于传统的电视剧，网剧有着集数少、时长短、故事精、节奏快的特征。这与其他以互联网为传播载体的文艺题材的特征相同。

网剧既可以在传统电视上播出，又适合网络、手机等新媒体播放。事实上，电视剧，也适应电视、网络、手机等移动媒体。但是，电视剧不是专门为新媒体播放平台专业制作的网剧。

（二）网剧和电影、电视剧的主要区别

网剧与传统的电影、电视剧的区别主要在于传播媒介不同。电影主要在电影院放映，传统的电视剧主要通过电视机播放；网剧的主要传播媒介是电脑、手机、平板电脑等使用网络的新媒体设备。

网剧和传统电视剧的区别还在于，电视剧只要播出过，观众无法重新点播；网剧可以自由点播观看。当今融媒体时代，随着传统媒体和新媒体资源的不断融合，网络剧和电视台联动网台同播的现象日益增多。观众既可以借助新媒体互联网设备观看网剧，也可以通过电视机荧屏观看网剧。

具体来说，网剧和电视剧的主要区别表现在以下几个方面。

1. 时长

通常网剧的一集时间为 10～30 分钟不等，而连续剧的播放时间更长，通常为 45 分钟。

2. 篇幅

电视剧一般是在 20～40 集之间，长的 60 集左右。目前，我国内地篇幅长的电视剧一般都是大型历史题材电视连续剧，比如《甄嬛传》《芈月传》等。广东广播电视台制作的《外来媳妇本地郎》是目前中国国内篇幅最大、集数最多、播放次数最多、同一时间段内同类型节目收视率第一的连续剧。

目前，我国内地 20 集以下的电视剧很少见。由于电视连续剧的播放时间通常都是每晚 2 集连播，所以 21 集的连续剧也不过一个礼拜就播完了，因此广告赞助商会觉得在电视上播放时间太短了，而要推广的品牌又无法在短时期内给广大观众留下来较深的印象。

而网剧的篇幅相对就要短很多，一般是 10~30 集不等。也有 10 集以下、30 集以上的网剧，篇幅较长的网剧为数不多。原因是为了便于新媒体传播，同时适应当下受众碎片化的欣赏习惯，篇幅只能短小精悍。篇幅较长的网剧通常是以历史、古装、穿越、玄幻、科幻、动作类为主，一般有六七十集，有些甚至上百集。

3. 受众

电视剧的观众大多以家庭妇女、少年儿童和赋闲在家的老人为主；而网剧的观众群体主要是 90、00 后的年轻网民，其中以女性居多。网剧的主题比较符合年轻观众的心理特征，通常以喜剧、搞笑、都市、时尚、浪漫、偶像、青春期、校园生活，古装、宫斗，或者科幻、悬疑等为主，体现了多元化的特点，能够满足青年群体不同的精神需求和观看偏好。

4. 灵活

网剧有着电视剧所不具备的灵活自由的优势，观众可以随心所欲地从网上点播任何一部（任何一集）已经首播过的网剧。

三、网剧的优势

网剧的优势主要表现在渠道多、传播快、观众广、投资少、风险低、市场大、利润高等。这是因为网剧的播放平台，横跨传统的电视和电脑、手机等应用网络的新媒体。它的发行渠道多，观众面也广。网剧既拥有传统的电视广告资源，又占有新媒体传播优势；加上投资不大，风险系数不高，收益比较稳定，自然赢得投资商和广告商的青睐，因此，融资也比较容易。2015 年至今，中国互联网自制剧市场成长快速，并呈现井喷之势，自制电视剧已经上万集，发展前景较好。

四、网剧剧本写作要领

从某种意义上来说，网剧是高度浓缩的电视连续剧，这就要求剧中人物、场景、事件高度集中，故事情节紧凑而又精彩。这和微电影剧本的写作方法相似。所不同的是，每一部微电影剧本都有完整的、独立的故事情节；而网剧剧本是由多集剧本组成的，每集剧本之间互相关联，人物和故事贯穿始终，情节机巧、悬念迭起、环环相扣，能够吸引观众看完一集并持续关注下一集的内容。

说到底，无论是网剧还是电影、电视剧，都需要一个有思想内涵的精彩的故事，这是决定作品成功的首要因素。

（一）价值观

任何一种形态的剧本，都是编剧价值观的集中呈现，通过视听传递编剧的思想、观点和立场。不同的编剧创作不同题材的剧本，自然会体现不同的主题思想和不同的价值观。好的剧本，往往和绝大多数观众的思想保持一致，从而使观众产生情感共鸣，起着引导、感化、激励、教育、反思、借鉴等作用。

（二）主题思想

剧本的主题就是编剧通过讲述人物故事、塑造艺术形象、展示社会生活来表达作品中所蕴含的意识形态和思想观念。

故事情节是展现主题思想的载体，也就是说，主题思想是通过人物言行呈现出来的。主题是剧本的目标和归宿，是一部作品的思想和灵魂，它决定着人物和故事的发展方向和最终结局。

（三）人物形象

好的影视作品中，都很成功地塑造了一个个具有鲜明个性特点的人物形象，给观众留下深刻的印象。网剧和电视剧一样，题材繁多，有言情、战争、历史、玄幻、穿越、科幻、悬疑、警匪、家庭伦理等。不同的题材就会塑造不同的人物形象。人物形象是在剧情发展过程中通过所表达的语言行为、思想感情凸显出来的。

（四）矛盾冲突

对立冲突是整个小说、影视作品情节推进的原动力，是刻画人物的根本，也是小说的文化精髓所在。矛盾冲突分外部冲突和内在冲突两个方面。外部矛盾冲突就是我们常说的剧情中的人物关系的纠葛、对立与抗衡；内部矛盾冲突则体现在人物内心世界的情感涟漪、心理挣扎和矛盾斗争等。

五、网剧剧本写作步骤

（一）编写总体故事大纲

（1）安排贯穿全剧的、完整的故事情节。

（2）设置主要人物以及人物个性。

（3）编织人物关系以及矛盾纠葛。

（二）画出剧情变化和人物关系图表

（1）剧情的发展变化（起承转合）。

（2）人物关系以及变化。

（3）人物心路历程及个性演变。

（三）锤炼主题，用人性和世俗价值来烘托主题思想

（1）在剧情冲突中展示人性。

（2）主题要有普遍的价值意义，让观众产生共鸣。

（四）编写分集故事大纲

（1）细化人物性格，突出矛盾冲突。

（2）在每集之中设置小高潮，在每集之间设置大高潮。

（3）安排每集故事的转折点。

（4）在每集即将结束时设置悬念。

（五）完成分集剧本

（1）根据分集故事大纲创作分集剧本。

（2）注意分集剧本之间的衔接、协调与悬念设置。

（3）调整和优化所有分集剧本。

剧本是编剧写给导演和演员，供拍摄影视作品时使用的，而不是给读者和观众看的。所以，编剧只要将自己设置好的剧情，用白描的手法清晰明了地表述出来即可，不用过多地修饰，也不必过于细致地描述，

要给导演和演员留下二次创作的空间。编剧的本分和职责就是将自己心目中未来的影视作品表述给导演看。千万不能把自己当成导演，在没有和导演沟通好的情况下，把每个场景、每个镜头所有的设想都写进剧本里。即便你的技术水准再高、做得再到位，导演也未必会按照你的想法去实施。

六、网剧剧本写作中的描写

（一）景物描写

影视剧是一种视听艺术，所以剧本中的景物描写，一定要考虑到作品画面的可视性。所有的景物，首先必须是可以用画面呈现出来的。景物描写，要求具体明了，不能空灵、抽象、繁复。它不像写小说和散文，小说和散文中描绘景物的时候往往融入作者个人或者作品主人公的思想感情。

例如："那是一个漆黑的夜晚，温柔的晚风夹杂着金秋果实的芬芳，向我拂来。"假如是影视剧本，这里面的"温柔的晚风""果实的芬芳"纯属人物的感觉，无法在镜头中表现出来。作为视听艺术的影视作品，应确保观众能看见和听见。"漆黑的夜晚"，镜头呈现出来一片黑暗，也就失去了可视性。除非是剧情需要特殊强调，一般不会设置"漆黑的夜晚"这样的场景。

（二）人物描写

1. 外貌描写

编剧在对剧中人物的外貌进行描写时，除非有特征性的交代之外，不需要过于详细，只要给导演和演员一定的提示就可以了。你将一个人物的外貌描绘得淋漓尽致，导演也未必会按照你的描述去找一模一样的演员。

2. 动作描写

影视剧中的人物动作，是由演员的形体表现出来的，编剧根据剧情将有形的动作用白描的手法记录下来，以供演员进行演绎。

设置人物动作，首先必须把握人物的思想情感和性格特征，这决定于编剧的社会阅历、对人性的洞察和对生活的理解能力。比如，母亲节时，为了表现主人公对母亲的孝敬，不同的文化素质、不同的性格、不同的社会阶层各自有着不同的表达方式：有的人可能给母亲买一束康乃馨；有的人给母亲买一件厚实的棉衣；有的人可能会静静地独处一隅，面对着家乡，回忆童年时和母亲在一起的幸福情景。

编剧对人物的动作设置，只是供导演和演员了解和把握人物的个性，在表演时作为参考。实际上，现在的许多演员，尤其是知名演员，不一定会按照编剧所设置的动作去表演，而会根据自己对角色的理解和领会再度创作角色的动作。有的演员甚至在拍摄现场即兴改掉编剧的台词。

3. 心理描写

影视作品是用画面和声音来呈现人物的心理活动的，通过视听效果传播给观众。它不同于小说，因为它直接用文字描述了人的心灵过程（回想、幻觉、想象、梦境、渴望、憧憬、潜意识等），使他们通过对语言的领悟而产生思考，从而形成了意象与美学空间。所以再典型的意识流作品，比如《喧嚣与骚动》《追忆逝水年华》《尤利西斯》等优秀文学作品中有大篇幅的心理描写,很难以电影的形式对其进行二次加工创作,因为难以通过具体的画面表现大量的、复杂的心理变化。

（三）影视作品表现人物心理的方式

1. 用闪回画面和声音艺术地呈现人物的内心活动

这种方式是以闪回图像结合音乐表现的视听艺术作品,表现人的回忆、幻想、潜意识和复杂的心灵活动。使用这种方式时,影像中的画面会根据人物的话语、故事情节频繁切换,从而强化几个画面之间的联系,使观众对故事有更加深刻、全面的了解。闪回的画面一般故事性较强,比起人物语言叙述,画面给人的视觉冲击感更强,一方面容易使观众进入情境,另一方面也丰富了影视作品中的情节表现效果。

2. 用自言自语、内心独白或旁白表达人物的心理活动

这也是一种影视作品中常见的表现角色心理活动的手法,在角色进行自言自语、独白或旁白的时刻,作品中的其他人听不到这些声音,客观形式上贴近心理活动的特点。此外,使用这种形式能够给观众一定的提醒,让观众更加直接地了解角色内心的真实想法,从而对角色整体形象有更加清楚的认识。旁白的形式更为特殊,因为旁白除了可以表现角色心理外,还能交代故事背景,作用更加丰富。而且使用旁白表现心理活动时,这一心理活动通常较为复杂,话语表述较多。

3. 用蒙太奇手法揭示人物的心理活动

"蒙太奇"原意是合成、装配,在影视艺术效果上引申为场景或场景之间的连接、配合,通常不同画面之间的跳跃性较大。它需要与角色的表现、电影造型和音乐有机融合。蒙太奇手法也是一种常见的展示人

物心理活动的艺术方式。作为一种现代艺术表现手法，理解蒙太奇影视镜头有一定的难度，需要观众适当了解一些相关知识，否则很难看懂画面想要表达的内容。此外，观看这种镜头还要注意画面之间的连续性，从整体进行画面分析，这样才能更加完整地了解故事内容。电影《安娜·卡列尼娜》中安娜在火车站自杀的片段就是使用蒙太奇手法拍摄而成的。

4. 从剧中人物的主观视角呈现所看到的景象

主观视角，就是第一人称视角，即观察者的眼睛所能看到的视角。使用这种拍摄方式时，通常不需要借助任何语言进行补充描述，仅拍摄角色主观视角看到的画面，并在镜头中突出这一画面，这样就能使观众了解画面的重点，从而理解角色内心的真实想法。例如，表现一个乞丐很饿时，通常不需要让人物说话，只需要顺着人物的视线拍摄一笼热腾腾的包子就行。这样一来，不仅使画面更加简洁、重点突出，还能形成意味无穷的艺术效果，给观众留下深刻印象。

第四节　新媒体短视频写作

一、短视频的定义

短视频就是精短视频，是通过互联网新媒体平台传播，适合于移动状态下观看的一种新型影像传播形式。其时长是 5 分钟左右，单独成片或成系列。

短视频内容较为多样化，通常包含搞笑内容、社会热点、情景喜剧、幽默讽刺、街头即景、生活技巧、人生智慧、时尚潮流、公益教育、广告定制等。

二、短视频的特征

较之于微电影，短视频在制作上更为简单，工序少、周期短、成本低、设备简易、参与性强、传播迅速，即使使用一部手机，一个人也能独立完成拍摄制作工作。短视频力求精短，要求在短到几秒钟、长到几分钟的时间内，将具有一定的情趣性和精彩度的内容信息融进去，常常包含悬念、逆转、好奇、笑点、励志等元素。观众在观赏中，可以达到开怀、减负、轻松、温情、感动、顿悟等目的。这不是一件容易的事情。这对短视频制作者的文案策划、脚本创作、演员表现能力来说都是一种考验。

三、短视频的类型

(一) 纪录片型

与人类最早期的影视作品类型都是纪录片相似，短视频早期的拍摄类型也是纪录片。在中国内地较早期制作的短视频，是由《外滩画报》前总编辑徐沪生于 2014 年 9 月 8 日，在微信公众账号上推出的。后来称为"一条"（或一条视频、一条 TV），其内容是以纪录片的形式呈现的短视频内容，通过优酷、土豆、腾讯等网站视频播放平台传播，每集时长 2~5 分钟。

2017 年是短视频的迅猛发展时期，2017 年 5 月 16 日，今日头条宣布将向旗下的短视频网站火山小视频投入十亿补助资金，这是今日头条宣布将向头条号上的小视频创作者投入十亿元补助之后的再度加码。阿里旗下的微博、合一集团和 UC 三家公司联合宣布将组建"视频文娱大联盟"，并投资了十亿专项基金，以作品奖励和内容分成的形式，来激励和扶持优质原创内容，目前短视频拍摄已成井喷之势。

（二）情景剧型

依靠精彩搞笑的故事情节吸引受众的情景剧短视频，占据当今短视频市场很大的一块份额。陈翔六点半、报告老板、耐撕男女、万万没想到、郑云工作室、套路砖家等短视频制作团队制作的内容，大都采用的是情景剧形式。

（三）网红 IP 型

网人就是网络红人的简称，是指在现实生活中或网络空间因某个活动或事情，引起广大网友点赞、评论、转发，从而迅速走红的人。比如papi 酱（姜逸磊）、西单女孩（任月丽）、龚琳娜等，他们拥有庞大的粉丝群体和潜在的目标消费者基数，同时蕴藏着巨大商机。

这种用网络红人形象在网络上制造的网红型短视频，也非常火爆。比如 papi 酱拍摄的短视频通常能够迅速引起网络热议等。网红制作的短视频内容一般比较贴合现实，符合年轻人的观看需求，以青春偶像、呆萌可爱、搞笑无厘头为主。网红的影响力巨大，但不一定给人正面的影响，因此针对这种情况一定要提升自身对是非曲直的分辨能力。

（四）经验分享型

经验分享型短视频是指通过展示某个具体事件，让观众从中获得某种经验、某种技能。这类视频往往具有一定的故事情节，使观众寓教于乐而大受推崇。

（五）通俗恶搞型

这种通俗恶搞型短视频主要以快手为主，此类视频主要围绕帅哥靓女、网红群体明星、段子手、宝贝萌宠、社会摇、鬼步舞等展开。其目标受众群体庞大，有三四线城市群众、农民工群众等，内容主要迎合普通百姓审美情趣的恶搞、无厘头甚至瞎胡闹为主。尽管备受争议，但是满足了草根阶层受众的快餐式的娱乐需求。

四、新媒体短视频的写作实践

（一）短视频的标题

和其他叙事类文体写作一样，短视频的标题制作十分重要。它往往决定着作品传播的影响力和受众的关注度。评价一个短视频的标题是好是坏，一般要看其中是否包含悬念、稀奇、煽情、诱惑、扣人心弦甚至匪夷所思等元素，因为这是让大部分观众产生观看兴趣的关键。只要标题激起了观众的了解欲，他们就会很轻易地点开标题往下浏览。因此，对于短视频创作者而言，一定要深入实际，了解目标观众的喜好，从标题上包装自己的作品。

（二）剧本的格式

短视频由于其篇幅和时长十分有限，因此在写剧本的同时要将拍摄意图、镜头运用、场景环境、呈现方式等都写进去，也就是说，不是单纯的文学剧本，而是拍摄脚本。其中包括场景"序号"，人物所在的"场景"，根据不同画面、不同景别运用的"镜头"，描绘场景中的"画面"，每个镜头拍摄的"时长"，每一场戏的人物对白、台词（解说词）等。

（三）文案创作要点

1. 口语化的表达

为什么课本上的定义总是读起来非常生僻，难以记忆？因为它们太多、太抽象了。抽象和专业的文字，表达的是一种笼统的概念，它方便归纳总结，但是很少出现在我们日常的对话中。日常生活中，我们不会说："我渴了，需要补充由大量氢离子与氧离子组成的透明液体。"而是说："我渴了，要喝水。"这正是因为越是具象的表达越能帮助人们理解，同时方便形成一种画面，形成记忆点。所以，少用或尽量不用抽象词汇，多用具体的动词与名词。

2. 选择适当的语速

语速也是口语化表达的关键要素，在一段短视频中，配音文案的字数决定了语速。字数过多、语速过快，会导致节奏加快，让人难以捕捉具体的信息，也会产生压抑感；字数太少，分布又太平均，语速就只好放慢，这样的节奏任谁也受不了，要么使人昏昏欲睡，要么让人没有耐心把接下来的内容看完。

3. 宣泄情绪，提出观点

宣泄情绪的标题，一般是点出某个具体群体的情绪，然后通过某种鲜明的观点加以阐述。这类标题旨在替某个特定的群体表达出他们的心声，他们自然而然会引起共鸣，点赞转发。

4. 创建对立，制造冲突

有对立就会产生冲突，有冲突就会产生问题，产生问题就会吸引人们去揭开问题的谜底。冲突是故事创作的核心，也是吸引人的关键。很多标题都是冲突式的表达。

第五章　自媒体平台的写作

第一节　自媒体概述

一、自媒体的定义

自媒，顾名思义就是传播自我的媒介，是宣传自我的媒介。自媒介又名"公民媒介""个性媒介"，是指私密化、公民式、普泛化、自主式的媒介。以及利用现代性、电子化的传播方式，向普通民众及其他人传递信息的新型媒介的统称。自媒体就是公民用来发布自己的所见所闻、所想所思的信息传播平台。

自媒体时代，人们都可能有照相机、话筒、资讯发布平台、传播载体，因此人们都能够互动、自主性地向自传媒网络平台发出关于资讯事情的消息，因此人们都可能是资讯通讯员、自媒介推动者和听众。从此，新闻不再是报社、电视台、电台等传媒的专利。

二、自媒体的特性

（一）普泛性

当今全民皆传媒网络时代，人人都能建立属于自己的媒体空间，人人都是"记者""总编""台长"。无论你是谁,只要手里有一部智能手机或笔记本电脑,就可以随时随地发表自己的见闻趣事、奇思妙想。

(二) 简易性

自媒体操作十分简易,用户只要在腾讯、网易、新浪、优酷等提供自媒体平台服务的网站上注册申请,就可以发表文字、图片、视频、音频等信息。它不像传统媒体(报纸、电视、广播等)需要一个庞大的专业人才队伍进行日常营运和维护。中国的新闻出版实行三审制,一篇报道要经过严格的初审、复审、终审程序之后,才能见诸报刊或在电视、广播上播出。

(三) 迅捷性

自媒体从信息采集到发布,都是私人化、自主化的行为,随时随地都可以发表。信息一旦通过自媒体平台发表,就可以迅速传播给世界各地的网友。不像传统媒体要经过三审三校、排版印刷、运输发行这些必经的程序,受众才能从中获知信息。

(四) 交互性

自媒体将信息传播给受众,受众可以与作者互动,对信息中存在的问题提出看法、发表评论,指出文本错漏之处,作者可以及时纠错,对文稿进行修改、替换或更新。传统媒体如发生错漏,必须在第二天的媒体上发布"更正启事"进行勘误。

(五) 无限性

自媒体是虚拟空间,无论何时何地,都可以自由地、无限量地发布自己的信息。它不像传统媒体那样存在发稿时间限制、媒体版面或栏目限制、传播区域限制等各种客观条件局限。

三、自媒体的优势

（一）信息多元

自媒体传播日渐成为全民获取资讯的主要渠道，传统媒体的声音由绝对主流强势渐渐变弱。公众不再通过一个"统一的声音"来获知事物的真相，人人都可以通过自媒体海量的、多元的、全景式的信息，对事物进行甄别、思考和认知。

（二）自主地盘

自媒体写作者在自己的平台上，撰写什么内容、何时发表，都是自己做主，就像在自己的领地上无论是栽花还是种草，都与别人无关。它不像传统媒体要经过三审三校、逐级申报。

（三）细分受众

自媒体信息在互联网传播过程中产生渗透效应，使受众细分和过滤，特定的内容和风格吸引着潜在的目标客户群体。受众人群泾渭分明，喜欢某些内容和风格的受众趋之若鹜，不喜欢的不再问津。这就使广告商得以将产品理念、广告信息精准投放给目标消费者。

（四）共鸣效应

自媒体受众的聚合是源于某些共同的喜好和关注，他们有着相近的年龄段和相似的人生经历。一旦某个热点话题在自媒体上传播，自然会引起这些受众产生共同的想法和观点，在互动过程中形成"蝴蝶效应"，产生一定的影响力。如果融合商业元素，自然会产生较好的经济效益，创造理想的商业价值。

四、自媒体的弱点

首先，自媒体传播由于门槛低、鱼龙混杂、自主性强、传播迅速、影响面大，自媒体写作者综合素质良莠不齐，自然存在一些治安和安全隐患，给政府的监管工作增加了一定的难度。

其次，在自媒体传播过程中，自媒体写作者出于博取"粉丝"关注或利欲诱惑等种种原因，杜撰或转发虚假信息，造成社会恐慌，侵害个人或群体利益，破坏社会和谐与安宁，损害新闻传播的正常秩序。

最后，自媒体虚假新闻信息的传播，造谣惑众、混淆是非、颠倒黑白，使不明真相的网民盲目跟风、以讹传讹，破坏了社会的公序良俗，误导了公众的认知和评价，助长了社会的歪风邪气，严重影响了社会主义精神文明建设。

五、自媒体平台的形态

目前，中国自媒体平台的主流有：微博、抖音、微信、头条号、企鹅媒体平台、一点号等。

（一）微博

1. 微博的概念

微博，就是微型博客的简称，是 Web 3.0 新出现的一种开放网络社交服务平台。微博是一种通过电脑、手机等多种形态的网络终端分享简短实时信息的自媒体交流平台。和其他网络舆论载体相比，微博有着与众不同的特点，它改变了以往传播方式的传播路径、人际交流方式、人类的社交圈子。在以手机为终端的移动网络时代，人们将博文移到手机上应用，从而出现了微博，它打通了移动通信网和互联网的边界。因为手机容量和移动通信技术的限制，手机上的博文无法像在电脑上一样长篇大论，只是将每条博文的字数控制在 140 个字之内。国际上最有名的微博网站是推特，国内现用户数最多的是新浪网微博。

2. 微博的特性

（1）平民性

微博给人提供了一个人人都能发声的平台，微博的每一位用户都变成新闻资讯的传播者，能够随时表达自己的意见和看法，基本不受时空条件的限制。任何进入微博平台的个人都不需要进行严格的资格审查，只需要合法注册账号即可登录。因此，从微博的使用群体来看，具有平民性。不过，随着时代的发展，这一特点已经不再是微博的优势，微信、抖音、快手等网络平台也具有这一特性。

（2）便捷性

微博注册简单、操作简便，技术要求低，只要会用手机发送短信，就可以成为微博的博主，用微博发布信息与他人分享；同时也可以在微博上浏览他人的信息。它不像写博客，动辄数百字、上千字。微博的容量仅限 140 个字符，用简短的文字随性表达、迅速传播。

（3）原创性

由于微博的简短性、便捷性，这就决定了它是人们随性地用简短的文字，实时分享有价值的原创信息。绝大部分微博文章内容都是博主自己首创的，极少转载、模仿或抄袭互联网上早已存在甚至广为流传的信息。

随着微博在全世界迅猛发展，我国成为全球微博用户第一大国。微博是大众的社会化网络平台，拥有信息传递、舆情导向的多重作用，微博越来越成为各种权益群众反映心声的主要渠道，但会引起消极或错误的舆论导向。由于我国自从开通互联网以来，实行用户匿名注册制，相当一部分微博用户的道德、法律自律意识不强，有的人在言论自由的幌子下散布谣言，致使微博侵权事件频频发生。目前，微博的法制化管理已成为我国社会综合治理工作中的重要问题。

（二）抖音

抖音是一款可以拍摄音乐创意短视频并带有社交分享平台的 App，于 2016 年 9 月上线，定位于年轻人的音乐短视频社区，用户可以通过抖音 App 选择歌曲，拍摄音乐短视频，设置滤镜、场景切换等效果，形成自己的作品并发布上传。

1. 抖音的特点

（1）设计围绕着年轻人展开

抖音的所有设置都充分考虑了年轻人的需求，大多数抖音短视频都是洋溢的青春气息、动感十足的节奏、炫酷的音乐等极大地满足了年轻人高涨的表演欲，为他们提供了在这里停留的理由。

抖音刚上线时，视频时间只有15秒，内容精致，用户参与评论的热情很高（目前短视频时间已经增加）。为了增强内容的娱乐性，抖音进行了产品和技术上的革新。比如，竖屏全屏、高清视频的设置，让画面更有冲击力，让年轻人眼前一亮。抖音还推出了特效滤镜、魔鬼炫音、炫酷剪辑等设置，吸引了"潮男潮女"的目光，获得了年轻人的欢心。

（2）抖音是年轻人群体的流量集中地

企业产品及品牌想要得到快速推广，离不开精准的营销资源，这是所有品牌都在追求的一个目标。抖音正好给企业提供了一个绝佳的营销机会。资料显示，目前抖音用户年轻人数量较多，抖音红人及基本用户多数都是95后、00后。也就是说，抖音上聚集了很多年轻用户，且很多具有较高的颜值。

（3）用美妙的音乐来吸引用户

抖音前期做宣传时，发布了大量的趣味性短视频音乐，"音乐"元素也就成了它的特质，更成了营销亮点之一。另外，抖音还设置了热门歌曲、我的收藏、本地音乐等功能，用户可以为自己拍摄的视频选择合适的音乐或喜欢的音乐，增加了用户的选择性。

2. 抖音的功能

（1）同城功能

抖音把"推荐"功能旁边的"附近"功能变成了"同城"功能，粉丝不仅可以刷首页"推荐"，还可以刷"同城"看到当地发生的趣事和新闻。

（2）设置隐私权限

隐私权限共有三种：所有人可见、仅好友可见、仅自己可见。如果自己的信息只想被好友看见，让好友感到他的特殊，就可以设置成"仅好友可见"。

（3）"关注"界面改版

抖音最初的版本，底部"首页"标签的右边是"发现"功能，后来改成了"关注"标签，粉丝可以查看自己关注的好友。同时，抖音界面形式已经接近"朋友圈"，突出了互动的重要性。

（4）私信功能

2018 年年初，抖音上线了私信功能，并逐步开始支持表情和图片的发送。借助这一功能，用户就能与抖商进一步互动，抖商也能在私信中进行信息回复，增强粉丝与抖商之间的互动体验。

（5）热门直播

粉丝一旦关注了某位抖商，时间长了，就会产生粉丝心理，期盼跟对方进行更加深入的接触。抖音直播功能正好满足了这一上线需求，既能加强粉丝和主播的互动，又能提高粉丝的黏性。

（6）站内好友

在对外分享上，抖音主要有微信朋友圈、微信好友、QQ 空间、QQ 好友等路径；而在对内分享中，只有站内好友，这个功能非常重要，一定要多加注意。

（三）微信

微信是一款手机通信软件，由腾讯公司于 2011 年 1 月 21 日推出，是一个为智能终端提供即时通信服务的免费应用程序，支持多种手机系统。微信支持跨通信运营商、跨操作系统平台通过网络快速发送免费（需消耗少量网络流量）语音、视频、图片和文字，同时也可以在电脑、手机、平板等各种终端设备上使用微信与外界进行联络，包括语音、视频以及文字聊天。正因这一普适性，微信自出现以来迅速被接受，受到了越来越多网友的喜爱和支持，毫无疑问，微信正在改变移动终端史。随着微信的不断更新，微信的功能也越来越齐全、越来越强大，已切入生活的方方面面，衣、食、住、行、教育、工作领域等，与银行卡绑定后可以便捷支付。微信已无所不在，可谓"微信在手，走遍全球"。

1. 微信的功能

（1）聊天

支持发送语音短信、视频、图片（包括表情）和文字，是一种聊天软件，可支持多人群聊。

（2）添加好友

微信支持查找微信号、查看 QQ 好友添加好友、查看手机通讯录和分享微信号添加好友、摇一摇添加好友、二维码查找添加好友和漂流瓶接受好友 7 种方式。

（3）实时对讲机功能

用户可以通过语音聊天室和一群人语音对讲，但与在群里发语音不同的是，这个聊天室的消息几乎是实时的，并且不会留下任何记录，在手机屏幕关闭的情况下仍可进行实时聊天。

（4）朋友圈

用户可以通过朋友圈发表文字和图片，也可以通过其他软件将文章或者音乐分享到朋友圈。用户可以对好友新发的文字或图片进行"评论"或"赞"，用户只能看共同好友的评论或赞。

（5）语音提醒

用户可以通过语音提醒打电话或查看邮件。

（6）通讯录安全助手

功能开启后，可上传手机通讯录至服务器，也可将之前上传的通讯录下载至手机。

（7）QQ邮箱提醒

功能开启后可接收来自QQ邮件箱的邮件，收到邮件后可直接回复或转发。

（8）私信助手

功能开启后可接收来自QQ的私信，收到私信后可直接回复。

（9）漂流瓶

通过扔瓶子和捞瓶子来匿名交友。

（10）查看附近的人

微信可根据你的地理位置找到在用户附近同样开启本功能的人。

（11）语音记事本

可以进行语音速记，还支持视频、图片、文字记事。

（12）微信摇一摇

微信推出的一个随机交友应用，通过摇手机或点击摇一摇按钮，可以匹配到同一时段触发该功能的微信用户，从而增加用户间的互动和微信黏度。

（13）群发助手

通过群发助手把消息发给多个人。

（14）微博阅读

可以通过微信浏览腾讯微博内容。

（15）流量查询

微信带有流量统计的功能，可在设置里随时查看微信的流量动态。

（16）游戏中心

可以进入微信玩游戏（还可以和好友比高分）。

2. 微信公众平台

微信公众平台，又称公众账号，即使用公众账号平台所开展的一对多的自媒体交流活动。在微信公众平台关注度数超过 500 以上，就可获得该公众账号。读者可通过搜索公众平台账号或是扫一扫二维码，关注公众平台。

微信公众平台是腾讯公司在微信的基础上新增的功能模块。通过这一平台个人、企业、政府、媒体或其他组织机构都可以打造一个微信的公众平台，向用户群发文字、图片、语音、视频、图文消息等类别的内容。目前微信公众平台支持 PC 端网页、移动互联网客户端登录，并可以绑定私人账号进行群发信息。

微信公众平台，旨在提供信息交流、消息推送和内容监管等服务。客户除了能够对公众平台账号的粉丝实行分门别类、分组管理，并实行沟通与交流外，还能够使用编辑模板和开发模板等高级功能，对客户消息实行手动回复等。

（四）头条号

头条号，曾称为"今日头条媒体平台"，是由北京字节跳动技术有限公司在 2013 年推出的一个全媒体、自媒体服务平台，同时也是今日头条面向所有媒体人、组织、公司和自媒体机构发布的专属资讯发布渠道。

头条号具有以下特点：

（1）智能推送服务，使目标受众迅速掌握海量移动阅读应用资讯。

（2）原创保护，具有业界领先的双重保护机制，降低了抄袭、剽窃等侵权概率。

（3）登录简便，移动互联网应用者只要选择符合条件的企业、媒体、自媒体注册头条号网站，并填报相应信息后进行申报，经过审批就可以进入头条号自媒体网站。

（五）企鹅媒体平台

企鹅媒体平台，是由深圳腾讯计算机系统有限公司在 2016 发布的互联网、自媒体产品，具备了打通全网流量、内容产出、用户互动、商业变现等四大领域的能力。

媒体人和自媒体人通过在传媒网络平台上发表的信息，并利用手机客户端、天天快报、腾讯移动媒体客户端、微信新闻插件等手机自媒体软件实现的一键传播，就能够进行更精准的曝光，利用微社区的方式，协助媒体、自媒体人进行与粉丝的交流，从而简单、快捷地沉淀其粉丝群体，并构建其与粉丝之间的情感联系，从而进行粉丝的累积。

（六）一点号

一点号，前期简称为一点资讯，是由北京一家公司在 2013 年 7 月上线的一种可以展示个性化的、自定义信息的自媒体产品。它基于内容为消费者带来私人订制的精准信息，是移动互联时代的重要信息分发工具。

一点号主要有时事资讯、财经新闻、社会热点、军事新闻、家装设计、育儿知识、星座命理、游学旅行、野史探秘、太空探险、未解之谜、前沿科学新闻、探寻未知新世界等主要板块。

第二节　自媒体文本写作

一、自媒体文本写作要领

自媒体的文本写作包括自媒体常规文本写作和自媒体软文文本写作两大部分。由于它们的写作意图、价值取向、传播平台、受众群体等诸多因素不一致，其文本的写作手法、文本结构、语言风格、内容导向也各不相同。分别有着相应的写作方法和要领。

二、自媒体常规文本写作

（一）标题写作

常言道：标题是文章的眼睛。网络时代，人们的阅读习惯日渐多元化，普遍倾向于碎片化阅读。其显著特点就是标题式阅读，标题是否精彩或者是否适合读者的审美情趣，往往是决定读者是否愿意点开标题继续阅读正文的关键。因为，人们打开网页大量的文章标题簇拥在一起，如果你的标题没有足够吸引眼球的字眼，即使文章写得再精彩，也会被读者所忽略。所以，对于自媒体写作而言，标题写作至关重要。

那么，如何写好标题？有何规律可循？

1. 引人入胜

标题往往是一篇文章内容的高度概括，它能够提纲挈领地彰显文章内容的精华。所以，标题中一定要有文章核心内容的关键词，从而能预先体现文章的焦点、热点、卖点、闪光点。标题应尽可能地凸显文章与众不同的信息，以吸引读者快速浏览全篇内容。

2. 亲切自然

文章标题讲究朗朗上口，有人情味、口语化，不能咬文嚼字、冷僻晦涩。要求措辞准确、通俗易懂、富有个性，使读者过目难忘。

3. 富含信息

与报纸、电视、广播等传统媒体的标题不同，传统媒体文章标题追求高度凝练，通常在 13 个字以内；而自媒体文章为了博得更多读者的关注，尽量使标题中蕴含更多的关键性的、暗示性的信息，字数要求不会那么严格，通常是 20 字左右。

4. 巧用动词

自媒体文章标题尽量使用动词，这样能够增添文中事物发生、发展的动态感。读者通过动词的内涵形成某些联想和通感，从而不同程度地对文章产生某种揣测或寄予一定的期望。

5. 切忌虚词

标题中切忌使用不能表达完整意义的虚词（介词、连词、助词、语气词），标题本身要求精短，惜字如金，如果加上一些不能代表实际意义的之、乎、者、也、的、得、地等虚词，就会显得不凝练、不严谨而失去关注度。

6. 题文相符

标题切忌华而不实、哗众取宠甚至文不对题，这样给人以"标题党"印象，即便是骗取读者的好奇点开文章一看，读者也马上会有一种"货不对版"、上当受骗的感觉，文章就会得到网民的差评、吐槽、"拍砖"、投诉。长此以往，网站自媒体管理人员可能会依据相关规定将你的自媒体平台关闭。

（二）自媒体正文写作

1. 惊艳开篇

当读者点开你的文章标题进入正文，说明读者有了了解文章详细内容的欲望。而如果文章的第一段尤其是前一两句话流于平庸，则难免会使读者放弃阅读此文，而去寻找他们所需要的文章。所以，自媒体文章开篇之语一定要精彩脱俗、先声夺人，让读者对下文充满期待，只有这样才能紧紧抓住读者的眼球，使之继续阅读下去。

2. 原创至上

优秀的文章必须是个人独立思考的原创作品，最忌拾人牙慧照搬他人的文章或在别人文章的基础上改头换面"炒冷饭"。这样的文章是不会受到读者青睐的。如果你觉得他人的文章与你的文章主题相吻合，可以将其中的精彩片段引用于你的文章中，但必须注明出处，同时附上链接网址。

3. 真情抒发

文艺作品主要依靠情感打动读者。好的文章或抒发作者自己的真情实感，或展示个人的真知灼见，或讲述个体生命对大千世界的独特感悟，每一篇优秀的文章往往就是一个独特的、私密的、鲜为人知的精神家园，博主将自己的人生梦想、心路历程、今生之憾甚至是切肤之痛等，和盘托出给博友，以求得分享、交流与共鸣。

4. 生动幽默

自媒体文章力求生动活泼、简洁明快、风趣幽默，尽可能使读者产生浓厚的兴趣并参与其中展开讨论、交流与互动，引发读者的情感共鸣。

5. 信息确凿

令人信服的好文章，往往都是以事实说话。如果是新闻资讯类的文章，对文中涉及的一些新闻事实、信息数据的来源都要有确凿的出处。否则，难以服人，也将使你的文章失去可信度和权威性。自媒体文章可以将其他网站与自己文章主题相关的网址进行链接，这样不仅使读者得到拓展性阅读，也增加了文章内容与主题的宽度与深度。

6. 分类明晰

为了便于读者检索，文章一定要根据内容（新闻、娱乐、文化、体育、美食、旅游、时尚、情感、文学、艺术、生活等）进行准确的分类。读者根据分类通过关键词搜索，能够顺利地查找和浏览到你的文章。

7. 图文并茂

文章写好之后要精心排版，尽量考虑网民"浅阅读（浅表性地阅读，无须深入思考）"的习惯，精美的文字配以悦目的图片，图文辉映。版面的背景色不宜用冷色调和暗色调，多用人们喜闻乐见、温暖明快的色调做背景。

8. 建立链接

自媒体文章写好之后要在文章末尾建立相关链接，使你的文章内容变得更加丰富，信息更加翔实。读者从不同的文章中立体直观地了解相关的信息，拓宽了视野和知识面；同时通过相关信息链接印证了你所写内容的真实性和权威性，也奠定了你在某个领域的专业地位，自然，你的自媒体平台订阅粉丝也会得以扩展。

9. 文本整洁

文章写好之后不要急于提交，要精心排版、反复审读，在审读过程中修正错漏之处，优化语句章法。杜绝错别字、语法错误、修辞不当、不符合逻辑等问题出现，因为这些问题将严重影响读者对你的文章内容和主题思想的正确理解，同时对你的人文素质的评价也将大打折扣。

微博的写作要领和自媒体文章大致相同，只是早期的微博发布、更新的容量不超过140字符。篇幅短小，这就要求微博的标题、正文更加精益求精。

作为实时分享和交流平台，微博比其他自媒体形态更强调时效性和即兴性，它能够及时表达写作者最新的思想和动态；而博客之类的自媒体文章更注重自媒体用户一定时期内的见闻体验和思想感悟。

三、自媒体软文写作

(一) 软文的概念

软文是相对于硬性广告而言的，将精心策划、撰写的宣传内容和文章内容精巧地融合在一起，达到某种宣传效应的含有软性广告的文字。好的软文往往是美文和广告的完美结合，既让商家满意，又令受众喜爱。

(二) 软文发展的原因

缘于新媒体多元化发展，软文营销模式越来越受商家青睐。原因主要如下：一是，媒体世界中到处充斥着令人厌恶的竞争惨烈的硬性广告宣传，网络软文正是这种春风化雨润物无声无形、绵里藏针克敌于无形中的有效推广方法，因此备受人们青睐；二是相较于硬质广告宣传来说，软文的宣传成本费用投资要少得多，而性价比也较硬质广告宣传要高得多；三是利用软文的企划智慧，借助漂亮的图文，软文在自媒介宣传过程中既可以巧妙而精准地表达或拔高某个品牌的形象，既符合了商家的需要，也可以在目标消费者心里产生特定的好感或美誉。

(三) 软文标题

自媒体软文写作与常规文本写作一样，标题是决定软文成功与否的关键。它影响着软文植入品牌的精准用户、目标消费者对文章的阅读兴趣。

（四）软文写作

1. 自媒体软文标题写作要领

（1）诱饵魔力

一篇好的软文必须让商家和目标消费群体皆大欢喜，两者都有一个共同的目标——"滴水投入，涌泉回报"。只要投其所好、正中下怀，欲望的诱饵就会产生强大的磁性和魔力。所以在标题中必须巧妙地体现"买卖双方"的价值诉求。

（2）新奇取胜

在当今这个信息泛滥的时代，一个新的品牌理念要想博得人们的关注，是一件十分困难的事。不过，对陌生事物的好奇，是人与生俱来的特色。在宣传一个产品之前，事先规划好、制定一个内容新颖的、富有媒体影响力和社会效果的小故事，在软文标题中，突出新奇事件的关键词，如此一来，哪怕是一个名不见经传的小产品，通过软文在自媒体平台上的宣传，都能产生相当的市场关注度，甚至还能使用户记忆深刻。

（3）借情说事

策划一个催人泪下的情感故事，将软文宣传的品牌理念巧妙地融入故事之中。在标题中要显露出故事精彩内容的端倪，以吸引读者阅读全文。

（4）悬念引力

软文的故事化演绎是被公认的营销上策，但是在标题上必须留下悬念，使读者在简短的暗示性、启发性的标题文字中，能够产生对故事的揣测和期待解密、求得真相的心理，从而细读全文。

（5）名人效应

在软文中运用名人效应实现商家的营销策略，屡见不鲜。以美容、养颜、护肤、养生、保健类的软文居多。借助于家喻户晓的影视明星、社会名人的故事来做软文中品牌的宣传载体，以博得社会的普遍关注。从而达到品牌价值最大化的推广。

（6）巧用热点

软文与新近发生的重大新闻事件、社会热点问题、网络流行用语、娱乐时尚等巧妙地联系起来，利用这些社会普遍关注的事物来吸引读者的注意力，从而带出商家所要宣扬的某种商业理念或品牌意识。作者将这些关注热点，别出心裁地糅合在软文中出现，读者通过搜索引擎可以很快发现文章，从而实现高搜索率、高浏览率和高转载率。比如笔者的一篇曾被多家官网转载的文章《中华端砚渐成"疯狂的石头"》，标题就是借用了我国一度被称为票房黑马的电影《疯狂的石头》的片名。

（7）文化包装

企业的营销宣传，实际上就是文化价值的最大化输出。即对企业品牌进行文化包装和宣传，使企业的精神内涵、文化理念和社会形象得以立体展示。这在竞争日益加剧的今天意义非凡，所以文化包装使商家趋之若鹜。

软文通常借助与运营品牌内容相吻合或意义相近的名人格言、经典诗词、成语典故、流行歌词、网络热语来制作标题，使本来默默无闻甚至乏善可陈的企业品牌穿上文化盛装，从而使"文化内涵"的外衣不同程度地掩盖了"广告宣传"的实质。

2. 软文的正文写作要领

(1) 有的放矢

软文写作首先要对软文所宣传的产品或品牌的消费群体进行精准定位。只有明确目标消费群体的年龄、性别、文化层次等概况，才可以量身定做适宜于这个人群的阅读习惯和审美情趣的文章。同时，应有针对性地选择适合这个特定人群的相关网站自媒体平台发布软文，从而达到精准投放的目的，不可漫无边际。

(2) 声东击西

从事软文写作，在某种意义上来说，就是一个和读者"斗智斗勇"的过程。如果让读者窥破你的软文的广告宣传意图，你的文章就会立即被人们所忽略和冷落，甚至使其产生反感和厌恶。所以，写软文还需要"声东击西"、顾左右而言他，以分散甚至"麻痹"读者的注意力。品牌理念巧妙地植入于娓娓道来的故事情节里，而且要点到为止，不动声色，切忌流露广告痕迹。

(3) 彰显情怀

许多保健品、美容品广告一直打着情感牌，紧紧围绕着"孝心""爱心""爱情""亲情"主题，不厌其烦地反复出现在各大主流媒体的广告时段（版面）里。为什么？因为，真情最能打动人心，直击人性中最柔软、最脆弱的部位。所以在软文中，将商业品牌与文章中的温情故事有机结合，使读者在被感动的同时，不知不觉中接受了品牌的某种宣传理念。

（4）立意高远

软文尽管是从某个具体事件或细小故事情节着手，但是微言大义、滴水见海，给读者展现出一个具有高尚境界的立意或弘扬人性的美好，或关乎黎民百姓的冷暖，或有关社会责任与担当，这就使软文的品牌宣传既脚踏实地、亲切可感，又具有一定的品位、格调和境界。

3. 软文写作步骤

（1）熟知行情

软文写作首先要考虑所植入产品或品牌的宣传效果。这就要求写作者必须对产品、企业进行研究，了解企业文化、品牌精神以及相关人文价值，同时深入了解和分析市场背景和现状，把握市场行情。写作者要熟悉目标消费群体的消费心理和习惯，只有做到知己知彼，才能量身打造或"对症下药"地策划软文主题以及最佳媒体推广方案。

（2）选择主题

主题的选择对于软文写作来说十分重要。策划软文主题首先要准确了解并掌握目标消费群体的普遍特点，再确定软文的主题思想以及植入产品或品牌的理念和内涵，使其有机融合。

（3）写作软文

软文写作者，在熟知行情并选定了主题的前提下，开始软文写作，依照上述软文写作要领，精心制作标题，潜心打磨正文，要做到在密密麻麻的文章标题中，鹤立鸡群、引人注目，进入正文后又能够令人耳目一新，甚至耐人寻味。

（4）发布平台

当今融媒体时代，随着市场的细分化，网络自媒体的读者群体也有分门别类。不同年龄、性别、职业、文化层次的读者群有着不同的网络自媒体平台。所以，选择软文发布的理想平台，是万里长征的最后一步。软文要选择主题内容与发布媒体类别、风格以及目标读者群体相吻合的平台发布。

4. 软文写作的禁忌

（1）有眼无珠

标题是文章的眼睛，眼睛是人类心灵的窗户。标题无疑在软文中占有举足轻重的地位。标题不吸引人，正文纵然是锦绣华章，读者也不会点开阅读。据统计，网民阅读文章80%根据网文标题内容来决定。所以，一篇软文，标题不好形同有眼无珠；相反，如果标题精彩，使软文锦上添花，读者趋之若鹜。商家的宣传效应、企业形象、营销业绩、网站人气都直线上升。商家、读者、网站皆大欢喜。

（2）杂乱无章

一篇好软文，必须具有鲜明的主题和清晰的章法，使读者一目了然。例如，主题鲜明、内容精彩、语言独特、风格别致、情感突出等。如果正文杂乱无章、言之无物，即便是采用"标题党"的做法，引诱读者点开正文，发现标题与文章内容不符甚至风马牛不相及，也会使其产生上当受骗的感觉。这样的软文对商家适得其反，对发布的自媒体平台也有害无益，只会无人问津甚至收到差评。

（3）缺乏凝练

软文写作的原则就是在精短的篇幅里准确有效地向精准客户传达商家所要推广的商业信息。如果软文漫无边际地洋洋万言，就与当今读者快餐式、碎片化的阅读习惯大相径庭，自然会被人唾弃而无人问津。

（4）无的放矢

发布平台的选择也是决定一篇软文成功与否的关键。如果一篇软文，标题诱人、正文精彩，与植入的商业元素又是水乳交融，可是没有选择最合适的自媒体发布平台，也将是前功尽弃。

第六章　新媒体传播概述

新媒体是由电脑和互联网共同发展而产生的媒体发展新产物。新媒体的发展进程是指媒体传播的新的革命性进步，目前也一直在发展进化中。

第一节　新媒体传播的特征

一、数字化传播

数字化是人类对计算机技术和网络本质特征比较集中的一个描述和概括。电子化信息技术是一个并不很繁杂的过程，不论是照片、影像或者文本都可以这种数字化的形态来展现在消费者面前。所以，新媒体从某种意义上可以说成是数字化媒体。

数字化媒体是由大量的传播内容所组合而成的，与各种媒介类型并没有实质区别，而只是形式的区别。通过新闻媒介的数字化，用于表达一份报纸新闻的图像内容和用于表述一种电视节目的音乐内容或画面元素之间没有任何实质上的差异，数字化后的新闻媒介内容能够进行更为简洁多样的信息传递，使受众能够通过筛选、拷贝、下载、保存、添加、转发、检索、链接、整合等过程指令将新闻媒体内容打散，再根据自身的需求进行整合。

二、虚拟化传播

我们把网络空间归纳为虚拟性，主要是因为计算机网络所提供的纷繁复杂的数据，其实也是建立在计算机网络对这些零散信息的计算基础之上。作为新媒体最主要的基本特征，虚拟性也随新媒体的发展不断扩展，从而产生出了虚拟人物、虚拟社区、虚拟产品等富有虚拟价值的新型媒体产品。

人类从网络虚拟空间里掌握了海量的现实资讯，不但大大地丰富了人类对真实世界的认识，而且给现实世界也造成了巨大冲击。虚拟社区、社会化媒体、互联网视频、电商等形式，对经济社会产生的巨大影响也是有目共睹的。这也就表明，互联网社区是一种无限扩展的社区，它既是虚幻的，又是现实的。而虚拟世界也不是完全虚假的，因为虚拟世界其实是人们对真实世界经验的复制和扩展，所以，互联网社区就是承载着虚幻属性的真实世界。

三、交互性传播

无论是在内容上还是在形式上，新媒体艺术都使得传统艺术形式逐渐呈现出相互融合的发展方向，文学、话剧、音乐等各类艺术形式在新媒体艺术的推动下关系日益紧密，而不再局限于过去的固定状态的艺术形态。影像交互机制、多媒介参与机制逐渐在新媒体艺术中得到越来越多的运用，使得艺术家的艺术作品逐渐转变为媒体平台，让受众能够更好地参与到作品互动中。

　　从媒介的发展和技术的变迁来看，新媒体艺术完全可以看作是人类的一种互动行为。新媒体艺术从另外一个角度诠释了创作者与观看者的关系，观众从最原始的观看者而变为艺术作品的参与者，而创作者不再仅仅是一个艺术作品的终结者。新媒体艺术作品往往呈现给观者的是一种可参与的状态，由于观者对艺术作品的认知不同，每一个不同的观众都会根据自己不同的理解角度，从而参与到艺术作品当中，与艺术作品相结合及互动，所产生的效果和反应也是各不相同的。观众的参与是新媒体得以展现的主要途径之一，其中交互性是最重要的。新媒体艺术与传统艺术的形态，无论是创作理念、创作手段，还是传播环境与受众方式，均存在巨大不同，新媒体艺术借助数字采集、计算机后期、数字编程等技术手段，使得新媒体艺术具有影像性、虚拟性的交互视觉艺术效果，则成为区别于其他艺术形态的重要特性。此外，新媒体艺术也使得传统艺术难以涉及的领域，如生物学、物理学、光学等，诸如此类甚至许多对艺术而言陌生的领域也为新媒体艺术的创作提供了广阔的创作平台。很多时候新媒体艺术创作的最初阶段只是一个想法，是艺术家的创作灵感，通过与技术环境的交叉融合而产生新的艺术语言与艺术范式。

四、复合化传播

　　复合式媒体，是指传统互联网媒体的发展同时具有了自我传递、人际传递、社区传递和大众传递等不同的表现形式。从早期的个人网页，后来的博客，再发展到手机端的微博、微信，当网民发布了消息，自己就可以看到自己所发布的消息，在这种互动中，消息的发布者和收件人都是同一个人，而其产生的过程，是由人的自我感觉和自我意识所组成的，这不正是自我传递吗？在网站新媒介上的邮件、私聊，所表现的是个人内部和个人之间的消息传递，也反映着人际关系的流动，正是因为互联网技术突破了时间和空间的限制，互联网络中的人际信息具有了更多的普遍性、偶然因素的多重性，乃至陌生朋友间的隐蔽性。许多机构、组织、公司等都拥有了自己的信息办公系统，再加入 QQ 群、微信群，共享信息的合作意图尤为突出，这明显是对组织信息发展的规模化。资讯栏目、网络新闻 App、公司官微、微信公众账号等，都拥有了专职信息传播者，并利用特定的机制与技能向广大分散、不明确的消费者群传递信息，充分展现了大众传播的特点。而网上信息传播则综合了个体媒介、人际关系媒介、社区媒介、大众传播等多种传播形式，也就可以把这四种形式的信息交织纠缠在一起，构成了一个发散式网状的传播系统。

五、积极性传播

通过对大众传播模型的解析可以发现，对于消费者而言，传统大众媒介主要是被动式的，消费者在传递信息中的角色通常是消极的，被动地充当消息接收者。不论是报纸、杂志等平面媒介，还是广播电台、影视等电子媒介，消费者都占据同样的位置，传统媒体把消费者"推"给消费者。

而在互联网上，由受众自己选择并"拉"出信息。互联网等新媒体大大增加了用户自主选择的可能性与可行性，新媒体的特点也使主动化传播功能得以体现。例如，用户在阅览数字报纸时，就能够随意提出自己的观点，并提出补充或修改意见。也可在欣赏视频时按照自身的时间安排和偏好，选择欣赏时段和方式。在欣赏体育赛事直播时，可以选择欣赏的视角（机位）和场景。此外，使用者在电脑前可自主地、不时地进行选择、发送命令，使电脑根据用户的意图去工作。

第二节　新媒体传播与版权

随着互联网、手机等新媒体的兴起和广泛运用，新媒体展示出新的规律和特征，冲击了旧有的相关立法规定，特别是著作权法规定。为此，国际社会不断通过修改现有法规或颁布最新法令和标准来强制规范新媒体的建设、运营和应用，以及利用各国法律或部门规章来惩处与新媒体相关的行为。

一、新媒体传播中的版权开放

以互联网、移动设备为代表的数字化新兴媒介创造产品的特征是知识产权开放，即产品完全向大众公开，只要持有专门的授权，任由使用者随意制作、发表、修改或者无偿利用，实现信息的资源共享，并建立起知识产权公开有效的规范。

按照斯托曼的理解，著作权公开利用了国家出版物法，并反其道而行之，已实现了与一般恰恰相反的目的：把某种维护软件产品私人化的方法，转变成了某种维护软件产品开放的方法。由此可见，虽然著作权公开利用是针对版权所有人和独占者所进行的反垄断的手段，但并不代表就彻底丧失了权利，因为出版物既有所有权、复制权、出版权，还有对大众宣传权利、身体权和经济权利。创作公司所提供的产品无偿地对大众提供服务，尽管舍弃了与出版物财产权相关的复制权和出版权，但对创作版权的身体权，如身份权仍为自己所有。同样，在新型知识产权的保护方法下，所有财产权内容（制作、发布等）采用合同的方式向观众公布，观众在获利的时候也不得不承诺：经过其产品所演绎的其他产品，也应该按照类似的知识产权公开方式发布。而软件所有者在公开自身知识产权内容的时候，往往还强调据此产生作品的知识产权的开放性，由此建立了一个分布式的知识产权信息公开方式，从而实现了信息资源共享的目的。

二、中国新媒体传播中的版权

（一）当前版权政策对新兴传媒行业的不适应

1. "新闻无版权"误读

与传统媒体之间的版权纠纷是新媒体版权保护领域一个重要的议题。而时事新闻到底有没有版权，就成了新媒体与传统媒体版权之争的核心之一。《中华人民共和国著作权法》（以下简称《著作权法》）第五条将时事新闻排除在我国著作权保护范围之外。许多新媒体以此为根据，得出"新闻无版权"的说法，未经授权便大量复制传统媒体的新闻作品，严重损害了传统媒体的合法利益。所谓的"新闻无版权"，实际上是实践过程中对《著作权法》的误读。《著作权法》第五条提到的时事新闻，指的是客观事实，并非媒体从业者根据其创作的新闻作品。新闻作品包含了作者的劳动，是受到现行法律保护的，未经授权的随意转载已经形成了侵权事实。并且，随着自身发展，新媒体也逐渐转变为时事新闻作品的创造者，"新闻无版权"这一误读，从长远来看，也必然会阻碍新媒体的发展。

2. 公共利益界定模糊

在中国版权法中，公共利益最大化所涉及的基本内涵主要有两个，一是科技文化传播的公共利益最大化，二是市场秩序的公共利益最大化。但对于法律提到公共利益最大化的条款的具体指向，在立法上并未进行具体的规范，概念使用的情景模糊不清，使很多新媒体人打着与法律的概念的"擦边球"，即打着公共利益最大化的旗帜，侵害了别人的知识产权。从维权视角出发，公共利益最大化概念的无法定义，也增加了人们维护自己利益、保护版权的困难。

3. 技术中立——避风港原则的滥用

我国《信息网络传播权保护条例》（2013年修订）第二十条至第二十三条依次规定了网络自动接入和自动传输、自动存储、提供信息存储空间以及搜索和链接四种互联网信息服务行为的不承担赔偿责任的条件。这也是我们所说的技术中立，又称避风港原则。但是在新媒体环境中，所谓的技术中立只是将网络服务商的行为理想化。为了获得更多的流量与收入，许多网络服务商对盗版行为采取默认甚至纵容的态度，比如早年百度文库、百度网盘泛滥的盗版侵权问题。而在避风港原则下，判断网络服务商是否侵权需要从"明知""应知"的角度进行，但是这种判定方式很容易让网络服务商钻空子，导致滥用避风港原则，加大权利人的维权难度。版权纠纷通常属于民事诉讼，采取谁主张谁举证的方式，"明知"与"应知"由于主观性较强，往往存在取证困难的问题。维权难使网络服务商更容易滥用避风港原则，损害版权生态。

（二）新媒体领域的版权建设要求

1. 确立媒体统一的版权生态工程

推进建设高效强力的媒体音像档案版权管理机制，既是一个系统工程也是一把手工程。因为无论是推进新媒体战略，还是造就强大的传媒集团，都亟须优先建设版权管理机制，需要媒体上下积极联动，需要完成许多基础性的工作。这是一个拥有巨大回报的版权生态工程，理想的管理体系是：组建媒体集中统一的版权管理机构，快速强力推进版权生态建设，聚合版权所有者、管理者、经营者、生产者全部能量，实现媒体创新、发展、盈利最大化。

2. 推进内部版权管理机构的建设

推进音像档案的版权化生态工程需要强有力的机构和团队加以执行。新构建的媒体内部版权管理机构，应该以实现新媒体发展战略为出发点，维护节目创作团队权益，确保媒体无形资产保值增值等多重利益的实现，它是融合法务、版权、媒资、运营于一体的管理部门，其名称可以叫作"版权媒资运营管理中心"。

在管理上着力推进版权管理体系建设，媒体各二级单位设立音像档案版权管理部，栏目及创意团队设立版权专管员；在确权管理上第一关把在各类节目合同的签署上，为确权提供完整、清晰的证据；在版权营销上采用"集中授权管理，服务分散经营"的体制；在版权收入分配上建章立制，充分调动创意团队积极性，使节目创新源源不断，创新之树长青。

3. 探讨构建全国主流媒体版权交易网

由于各级广电媒体都在开始用媒资存储节目内容，为版权内容的网络化传输创造了条件，可由央视挑头，来搭建全国广播电视台数字版权网络交易平台，这在技术上、利益分配上不存在障碍。构建这个网络，有利于在全国范围内实现节目版权的资源共享和有偿使用，从而盘活各级广播电视台的原创性节目资源，同时广泛的节目素材和存量节目资料的汇聚，能进一步丰富节目播出，提高广播电视台的两个效益。

4. 强化版权生态管理新理念

为实现融合发展，除了能播放海量版权视频，开发好玩有黏度的手游，还能实现版权的多重开发，这需要建设优质的版权化生态。为此，我们应该提倡以下理念。

(1) 巨大效益的理念

国际上通过多重授权，版权收入最高可达总收入的80%甚至以上，而国内省级主流媒体应当力争达到35%以上。

(2) 鼓励创新的理念

没有优秀的内容团队，就没有优质节目，"确权、授权、维权"将毫无意义。因此，应该通过开发新节目及音像档案的版权，设计产权激励机制，使生产团队终身受益，不断分享创新成果的利润回馈，使节目生产团队充满活力。

(3) 国际大循环理念：引进版权资源，消化吸收，自主创新，规模出口，加入国际大循环。

(4) 全流程管理理念

音像档案版权的管理要贯穿到从内容生产、购入，到播出、存储、开发的全流程。全流程版权管理，这也是对无形资产进行管理的最佳手段。

（5）全媒体互通理念

媒体内网要把媒资的全部编目信息、版权著录信息、内容数据通联到媒体所有使用者终端（包括台属各频道、台属新媒体），做到实时下载、实时授权、实时对冲、实时结算，共享版权资源。媒资内容版权开发的全部收益，全部进入媒体财务部，然后依据政策对相关人员予以激励，从而确保创作者权益，使创新者的力量用之不竭。

（6）版媒融合的理念

版权管理与媒资管理机构融合，组成"版权媒资运营管理中心"或者"版权资产中心"等，是当今行业发展趋势，这样做的好处是既能减少内耗，又能提高管理效益。

（7）传承弘扬的理念

国有媒体肩负着对音像档案这份重要的人类文化遗产传承、弘扬的历史使命和社会责任，因此，要对它妥善保存和有效开发，使它永久发挥作用。我们认为，省级主流媒体用 3 年左右的时间，实现全媒体节目产权清晰，确保权益；使用便捷，共享资源；有序开发，效益巨大。这样一个版权管理建设的目标是可行的。这样，媒体就能依靠强大的版权核心竞争力，紧紧黏住新媒体视频用户，同时依托版权资源走出国门，开办海外频道，传播中国声音。由此可见，版权的产业化开发，是建设新型主流媒体的一个重要抓手。

第三节 新媒体传播的模式

　　传播是一种由传者至受者的信息交换活动。在现实生活中，人们的传播行为存在普遍性，其各构成因素间彼此关联、影响，而根据系统论思想，它本身是一种与社会大体系的不同部分产生多边相互作用的子系统，这就要求传播体系及其内部结构纷繁复杂。关于信息传播的基本流程，采用统一科学思想下的模糊性方法不失为一种好方法。运用较为模糊的方法去探讨传播的结构及其组成的诸因素间的相互作用，可以使复杂的传播过程直接而简单，可以将无休止、循环往复的传播过程固定化、静态化，由此可以深入了解并探索传播的性质和原理。媒介研究中运用模型化分析方法建立传播模型，其实是科学地、抽象地从理论上掌握传播的一般机制和流程，阐明其中的因素、过程和有关因素的相互作用。这种模型分析方法对于传统媒体和新兴媒介的传播研究都便捷有用。

　　网络新媒体是建立在数字技术发展的基础上的。但是网络新媒体不是一个完整的、单一的媒介，它更多的是成为一个手段、平台、媒介、信息工具，关系着媒体的手段、方式、形态或目标甚至理念。新旧之分是相对而言的，媒体的数字化仅仅体现为对传统的媒体形式的改变而并非对现有媒体方式的替代。在媒体的价值方面，网络新媒体和传统媒体是相同的，都致力于对媒体目的的深化与发展。

　　媒体学通常将信息传播形式细分成自身传播、人际传播、团队传播、社会传播、大众传播等。而互联网信息媒体中常用的信息传播形式则包括了直播、组播、点播等。虽然在某些形式上或运用手段上两者都存在着明显差异，但是在传播特征上它们都具有广泛的一致性。大众传播应该认为是对人（不知道确切的受众）的传播，而团队传播或者社会传播就是组播，人际传播就是点播。因此，新媒体的传播方式仍能够从传统媒体的传播方式上进行理解。

一、媒体传播的基本模式

（一）贝罗模式

贝罗模式中重要的概念有资料源、信息、传播渠道、接受方，贝罗模式具体而生动地描述了资料源、接受方和信息传递过程的条件，也表示了信息传递过程能够采用不同的传播途径和渠道，其最终结果并非由传递流程中某一段所确定的，而是由构成整个传递流程中的资料源、信息、渠道和接受方四组成部分及其他相互之间的相互作用所确定的，传递流程的每个部分都受到其各自条件的影响。资料源是传递的起点；信息则是通过交流而传递的信息；编码器把信号译成可以进行传输的方式，而这些形式往往是人们感官上无法直接了解的；信道指可以用于由某地或异地传递信息的载体或传送设备；而解码器则把传输方式颠倒了过来；接收者是传递的终端；在信息源和接受者之间的反馈关系，可以被用来调控信息传播的流动；噪声则是在信号传递过程中所引起的任何失真或错误。

贝罗模式是信息传递流程的一个基本模式，它简要分析了消息在从信息源地→信息→通道→接收者，然后返回到资料信息源地来回传播这一流程中的信息交流。此模式可广泛应用于向人类传播的任何形式。

从传播方式上来看，人类社会的信息传播已经经过了口语传递、模拟信息传递和数字新媒介传递的阶段。

1. 口语传递

口语传递是经典的点对点、面对面式的对话型人际循环传递。它可以创造一个面对面的可观、可看、可感的交流环境，此时传递的所有参与者都互为传者与受者，从而形成传递的施动者。传递所采用的大多为口头语言和其他语言的动作、手势、脸部动作等。人际中的信息传递也有了在场化，从而鲜明地表现出信息传递的实质。施动者之间的信息传递不仅是双向的，而且也是循环的，并一定具有明确的时间顺序。但由于受到施动者的生理限制及其时间、距离等限制的作用，在施动者间传递的信息量较小，且信息领域范围狭小，信息品质也很难提高，因而很少能达到双方都可理解的、接受能力范围内信息的量和质的要求。

2. 模拟信息传递

模拟信息传递过程的重要特点是大众信息传递，如文字说明只是对事实的简单模仿，而无法完成对事实的完全再现。电子印刷技术也属于大规模信息复制技术，它的文字内容很难进行有效修改。而电子复制技术在长期不断的内容传递中，会造成大量内容畸变、歪曲内容。这也是大众信息内容传递的根本特征。一般大众传播是指传媒机构通过现代机器设备，大量拷贝和快速扩散内容，进而广泛吸引大众的传播行为。通过这样有规划的、相对多的、大规模扩散内容的传递，使广大民众可以进行跨时间的、多范围的信息互动。而一般大众传播属于单向性媒介，信息反馈途径不畅通、内容传递效果不佳。大量被舆论机构通过翻译、整合、制作的新闻内容，封闭式地传达给已经简单化、同质化了的读者，极易引起整个社会认识的单向化，从而形成了对公众注意力的影响，新闻传递效果也无法提高。

3. 数字新媒介传递

数字新媒介在普及阶段的主要特点是公众交互媒介。数字媒介的产生以及信息技术的不断创新和传播，促使普通社会单向性传播进入了数字多媒介传播社会的崭新时期。它仍处在不断成长中的初级阶段，其核心特点是互动性传播，甚至是大众性的双向互动性媒介。网络的媒介传播综合了传统媒体良好的媒介特性，从更高层面上实现了真正意义上的媒介功能。

（二）奥斯古德—施拉姆循环模式

威尔伯·施拉姆在奥斯古德的传统方法的基石上，又引入了信息传播的循环方法。这一方法突破了传统消息传递过程的循环性，指出信息在传递时消息将发生传递，并被传递的各方所共享。此外，它对以前单向直线方法的另一种突破则是：更加重视消息之间的交叉转换。这是对以前的单向直线方法的一种弥补。其不足之处在于无法区别传受之间的身份差异，由于在现实生活中信息传递者与接收者之间的身份很少是绝对相等的，所以这种方法尽管可以很好地反映人际传递特别是面对面传递的特征，但无法应用于大众传播中。

若把这一模式和互联网新兴媒介中的互动式电视节目（如互联网电视节目、手机电视节目等）传播过程比照，就会发觉它们间存在巨大的相似性。

不论是采用贝罗模式，或者采用奥斯古德—施拉姆循环方法，来描述数字新媒体发展的基本模式，都能够很明显看出在数字新媒体的发展历程中，交互媒体与即时传播都是数字新媒体发展中最重要的共性特点。所以，这种传播方法对于探索各类数字信息媒体发展有着较为重要而普遍的示范作用。

（三）5W 模型与交互传播模式

5W 模型由哈罗德·拉斯韦尔提出，其中"5W"分别指：谁（who）、说什么（what）、通过何种渠道（in which channel）、对谁（to whom）、有何效果（with what effects），这一模型又称为拉斯韦尔模型。

5W 模型可以广泛运用于大众传播，并提供了传播学研究的范畴与基本内涵。在 5W 模型中，消息的传播是单面一维的，传播方和接收方身份表现区别鲜明。这一传递模型尽管较好地归纳描述了传统大众媒体单向传递的路径，但显然无法体现当今大多数互联网新兴媒体的传递流程和传输规则。在众多新兴媒体中，特别是在信息传播互动的网络新兴媒体中，包括手机、互联网即时通信等，接收方同时也是消息的传播方。决定传播是否发生的关键因素不仅是媒体与组织的决定，而且该讯息对于接受方、传播者的价值与重要性，也只有当讯息能够有效地促使接收方主动向传播者转移，有效传播才会出现，而两者的角色融合将导致讯息传播的速率提高。

二、网络新媒体的融合传播

网络信息媒介的整合发展是一项复杂而具高度综合性的课题，它在数据编码和传输技术两个领域得到充分体现。

因为新媒介是由多个数字化的元件组合而成，只能在格式和码率上有所区别，在传递过程中，媒介的主要信息都是以数字化元件形态存在。例如，叙述文本信息的文字元件，和叙述节目的音频与图像元件，在传统模拟传播时代有了较大差别，而在现代数字化媒介中则没有了什么实质上的差别，这就犹如把不同的信息编码方式实现了统一，为在信息传输的最根本环节上各种各样的媒介之间互相融通，创造了更加现实的可能性。

传播介质方面也反映了互联网新媒介传播的融合形式，随着数码传播技术引入媒介传播领域，不同的传播渠道能够在同一传播平台上进行，例如，通过数码互动信息技术，能够在广播电视网络系统中同时进行广播、组播和点播等，这些多样性的数码传播渠道使不同的传播渠道融合形成了一个数码媒介传播。

（一）新媒体内容的数字化

在信息技术层面上，随着数码信息技术的开发与运用，广播电视、话音、数字等信息资源都能够采用统一编码实现传送与交流，从而形成了共同的"0"和"1"的特流。在数码时代，传播媒介不仅是数据，同时也是信息的化身。一个数据可以通过多种化身方式，在相同的信息中自动产生。而每个媒介的数据，都能够以"0"和"1"的复合方式显示出来，一个经过数字化的新媒介就抹平了多个媒介的差别，最后融合成了一个新传播媒体，这就是数据传播媒体。

从文化传递的历史角度看，口语传递、语言传递、印刷品传递、电子产品传递的发展都是一个重叠的过程，当传播媒介电子化以后，这种进一步发展的过程就可以在同一种网络平台上汇集，即为网络传播。按照国际电信联盟对媒介的定义，感知、描述、显示、储存等媒介（如音频、文本、图形和图像），语音编码、图像编码和各类解码，以及硬盘、光碟等储存媒介，都能够集成在一个计算机系统中，将计算机系统变成了一种综合性的信息传播媒体。

数字多媒的传播媒体整合方式，典型地表现在网络的传播平台中。这些平台或系统集语音、图形、信息内容于一身，并具有按需储存和交换能力。信息内容的数字化过程，包括了会话、数据、文字、图形、有声、录像和游戏内容等信息技术，使各种资讯都可由计算机系统贮存、管理和传播。资料库里的资料与程序能够被其他使用者随意存取、传递、直接应用或保存。并且，这个系统是交互式的，使用单一的计算机，任何的数据网站与使用者都可以互连。使用者能够与其他使用者或网站实现链接，也能够从网站或其他使用者身上获取直接或单独的回应。

（二）新媒体传播的数字化

人际传递是个人和个体间的消息交换的社会活动，所以互动性是人际传播的重要优点。不过，由于传统人际传播的覆盖范围十分局限，且传播资源又比较稀缺，这也是传统人际传播最天然的缺陷。

大众传播是指专业的宣传组织利用专门的手段或方法对为数众多的、分散的消费者展开的大量信息宣传行动。大众传播突破了传统人际传递和社会传播的限制，能够通过传播媒体将讯息传递给为数众多的、区域分散的广泛消费者。但由于大众传播是单向的信息传递，对讯息的有效传递与互动并不能达到，因此信息传递的力度与效率都远不如传统人际传播。

在互联网的媒介传播方式中，点播是一个在数据科技背景下进行的新型的人际媒介，通过数据科技与互联网手段，突破了以往人际媒介的规模限制以及人才不足的问题。大众传播方面，通过对传统媒体的引导以及数字化后所出现的如数码电视广播、数字音频传播等，目前依然是主要媒介。不过，随着数码信息媒介技术的逐步开发和完善，这些已数字化的大众媒介已经逐渐打破了自身所拥有的大众传播的界限与特征，不但融合了社会传播的内容，而且融合了更多的互动内容，并逐渐体现出了人际传播的特点。

由此可见，互联网新型媒介的发展正是通过数字媒介手段把人类世界的所有媒介形式进行有机融合，发挥各种方式的优点，构成世界媒介发展的新形态。尤其是将人际传播和社会媒介整合的新传播方式，一面提高了大众传播的广泛性，一面拓展了人际传播的服务领域，和扩大了人际传递的信息来源。也正是通过这些高度融合的社会化媒介，提高了信息传递的效率，增加了信息传递的内容，减少了信息传递的时间，从而提高了信息传递的效益，与数字新媒介传播高度融合已成为当今新媒体传播的一个潮流，一种必然趋势。

第四节　新媒体的属性与优势

通过对互联网等新型媒介的传播特点的研究可以看出，随着在数码信息技术与互联网的引入传播中，原来的传统媒体的传播特性也出现了变化，逐渐演变成一个高度交叉或整合的社会化传播，并由此显示出了网络不同于传统媒体的独特的传播特点和性质。随着互联网新媒体的深入开发和运用，传统媒体的数字化，新型的数字媒介不断涌现，传播服务平台日新月异，互联网新媒体显著的传播效益将得到更好的发挥。

一、新媒体的传播属性

（一）交互性

在传播方面，互动通常被视为信息的同义词。互动传递通常指信息接收者能及时把信息反馈到信息源并进行传递信息。实际上人际传播的互动性也是很典型的，在交流时两人之间不但可以轮流聆听对方，同时还可针对所听到的不同讯息及时改变他们的反应。而传统大众传播方式也具有一定的交互性，如报刊、期刊上的读者来信，广播的听众热线服务，以及电视节目的现场参与等都包含着信息传递与接收双方的互动。

在互联网新媒体领域，随着电脑、智能手机、互联网等数据终端以及互联网信息技术的进步，新媒体运作、管理、计算等的效能都获得了巨大的改善与提高，互动反馈也更加直观丰富，有时候甚至超出了人的心理承受能力。例如，在人们检索某种信息、某项资讯之后，立即涌现出成百上千的新信息，而检索者本人却反应不及。互联网新媒体良好的交互性还表现在它能够跨越一定时间，并能够呈现多样化的互动方式，例如通过网络浏览，回应的呈现形式可以包括文本、语音、视频、动态图片、视频等。在网络平台上，信息传递与接收两方的反馈渠道不再弱小，反而越来越有力，往往还更有力，传播速度也更快，信息传递与接收纵向间既有反馈，且传受横向间亦有反馈，呈现了多元动态交流的态势。

（二）人本性

传递作为一种活动，其根本目的是保障人的切身利益，并推动人类经济社会的健康发展。最适合于人的发展需求的信息传递，即对人本性的传递，必须是自主的、全面的、快捷的、有价值和有意义的，才能够实现个人生存与社会活动中所必需的各种思想与精神资源的共享和沟通。在数字加互联网的新媒体时代，社会越来越关注人的需要与体验，个人之间借助网络、手机等能够随时随地实现信息沟通，人际传递的特性与优势也得以更加突出与完善，由原有的、偏向于无区别的广泛群体受众，开始逐步分隔为兴趣爱好相投的个体或是利害相关的小众，如形形色色的网上社群、论坛群组、短信交友俱乐部等等。在小众中，以一个共同的概念作为特征，人们也更易于发现志同道合的同伴，借此舒展个性的意愿和表现空间，推动社区的多样化发展进程。

数码信息媒介传递的人本质也表现为因数字信息技术带来的自由与方便让用户能够按照自己的个人需要而有针对性地、合理地接收与传递资讯。当新信息时代到来，社会权力架构也将迎来巨大变化，数字时代突破了中央集权制，人微不再言轻，个人地位也因重新赋权而显得更加重要。

（三）融合性

信息媒介传播的集成性是一切的媒介信息迅速地整合为一个普通机器可以识别的数据媒介。因为信息传播的核心是全球统一的数据网络，信息传递能够轻松超越媒介方式，甚至跨越国界。先进的网络将数字电话、计算机数据、电子数据和电视传输技术自由融合，让每一个家庭都可以在家中享用到世界统一的信息传递方式。

在计算机技术时代，电影与其他业已成熟的文学形态，已发展成了程序代码。它们现在已经能够被用于交流各种形式的资讯和经历，同时其语句也被解码到了程序软件、硬装置之间的连接和预设状态中。而借助于数字的表达，每一种物质都根据特定的算法而能够被数字化地表述，亦即新媒体就成了可程序化的新媒体。传统传媒的重造依赖于原有的物质，但新媒介具备高度可变性，它使得人们能够有选择地重新组合所要欣赏的具体内容。如此，新媒介就成了计算机和传统文学间的信息交换层的中心，而新文学的电脑化也逐渐使不同的文学类型之间实现了转化与融合。

（四）即时性

即时性亦称为实时性，即传递流程中传播者与接收者在长时间的传播流程中同步并存、及时反应。在传统的大众媒介传播时，报刊等受到印刷品本身的影响，传播无法即时，而广播和电视等作为电子媒体传播却有实况的转播能力，与受众能够同步并存。面对无法预测的重大事件、突发事件，唯有网络可以实现即时传递。特别在移动互联网得到普及的今天，手机、平板电脑如影随形，每一次突发事情的现场总有网民到场，及时传递总是做到。

（五）主动性

传播的主动性主要表现在使用者必须能够将传统媒体元素打散，并根据自身的需求加以整合，才能真正实现并播出数字新媒体内容。例如，当数字电视播出时，使用者既能够选择自身喜欢或需要的电视节目内容，也可下载多个电视节目内容，再通过拼接而形成的另一种新电视节目形式。而常规大众媒体传播则采用"推"的方法传递内容，观众只是消极接收媒体推送的东西，而网络上媒体传播需要观众用"拉"的方法获得，听众必须按照自身的爱好和需求，从信息内容海洋中选择自身需要和最适合的信息内容。

二、新媒体的传播优势

传统媒体的传承与发展，所走向的也是同质化传播的道路，将同样或相近的讯息，毫无区别地传递给消费者。传统媒体向高度同质化的方向发展，不仅把高度同质化的信息不断地在传递中，把宣传目标也同质化了，更关键的是在这个缺乏变异的媒介环境中，读者们被剥夺了选择，剥夺了对自己想法的表述权利，取消了参与能力，从而缺乏了选择的空间。

数据信息媒介的诞生，最先产生的是大量数据，然后是交互。两者均代表着某种程度上的同一种选择权，内容传递，在经过了普通受众媒介多年"点相对"式的集成传递后，又重新返回到传者与受者主动进行、独立取向的"点对点"式人际传递这个无缝式的内容连接，是经过"点对点""点相对""面向点"和"手拉手"四个典型化的数据新媒体传播方式有机结合而成。在"点对点"的信息媒介传播方式上，无论是内容本身，抑或是内容的传播者或接收者，都是有差异性的。

数字信息媒介恢复了人在社会大众化信息传递中的本体属性，人不再被视为没有差异的同一个主体，这在人类发展史上有着非常重大的现实意义。

（一）传播损耗趋零

在传统媒体传播实践中，传递过程中的信息损失不容忽视。在常规公众介质中，信息内容从制造者、媒介人，终于到达用户手中，经历了多重损失（尤其是广播电视媒体传送过程的损失较大），无法做到完整的真传递。其中的损失既包含信息内容传递过程中的物理性质变化、衰减，又包含对传递的内容所做的实际评估与价值评判，如编制、审核等过程的影响。和传统媒体比较，新媒体在传递上的优点是信息内容在传播过程中基本不会损失，因此数字信号不会轻易地被干扰或改变，只要基本的"0"和"1"模式仍能被辨识开来，原有的传递就可以被恢复。同时新媒体极大程度上消解了传统媒体的权威性，消息传递过程中被人限制或歪曲的可能性将大大减少。

（二）海量信息

传统媒体所传播的信息量总是受传播内容质量的限制，当超过基本限制时，哪怕想要在传播时添加一点内容，也必须支付很高昂的价格。

比如传统报纸可以通过扩版的手段扩大报纸内容，而广播电视可以通过扩大频道范围和播放时段，虽然损失很巨大，但传播效果却十分明显。而新媒体的传播内容可以通过数字化编码或采用数字化的方式传播，这不仅提高了信息的传递效率，而且增加了信息内容存储容量和传播中的信道容量。互联网中的超链接是一个非线性的数据组织形式，它已被发展为模仿了人们思考模式的文本形式，其数据内容也包括了和其他人信息上的联系，当使用者点击在文字上加以说明的几个特定的重要字眼或者图片后，便可以启动下一种文本，消费者也因此能够掌握大量数据，并且可以随时按照自身的需要和意图，实现数据的多方向传递。

(三) 便利快捷

网络新媒体上的信息能以近乎光速的速度进行传递，更快更方便地送达受众，不受气候、自然环境和地理诸因素的负面影响。数字新媒体的日益流行为人类创造了许多便捷的信息接收途径和信息传递渠道。以手机为例，人们有两个基本的沟通方法：讲话和行走。不过，从人类出现之日起，这两种功能就开始分裂，直至手机横空出世，把这两个相对单一的功能综合开来，集于一身。手机之前的所有媒介，甚至是最神秘的计算机也将讲话和行走、制造和消费割裂开来。唯独手机，可以让人一起行走一起对话。由此，人就可以从机械跟前和紧闭的房间中解放出来，可以走入自然，漫游于全球。而无线移动的无线网络与双向互通能力，让手机变成了讯息传递最便捷的媒介。

(四) 成本低廉

全新的传播媒体带来的一个改变就是新科技削减了许多传媒组织中

的中间层次的组织，以及把大众媒体再次精简为小规模的作坊产业。当然，大规模的传媒企业依旧存在，事实上它会看起来比过去更加强大，不过制造传媒产业所需的人员也大幅减少了。例如，在一台电脑上编辑一些资讯，无论是新闻或是期刊，仅一人就够用了。因为数字科技的支持，一个人使用一部功能强大的电脑能够制造一部全新的影片，而并不需要拍摄棚、道具背景或者导演。便携式照相机、音频录音器以及数字剪辑器使制造者足未出户便可创作出形形色色的"人生"。

从宣传效益上看，利用互联网的媒介传递与接收资讯的效益已日渐走低。数字化内容在传播时基本不会浪费而且能够反复使用，这能够节约大量的资金，消费者使用数据所花费的投入也相应减少。

（五）多媒体传播

多媒体的广泛运用，是数字媒介综合传播的典型表现。大数据和互联网信息技术发展使得新兴媒介的信息源容量和形式都变得更为充实多样，将文本、图片、声音和影像等结合为一种新媒体传播方式，成了当前信息媒介传播发展的常态。小说也有了语音版；而新闻中不但有了文本还有影像。另外，多媒体的综合传播也容许了消费者在收到消息后自动编排，并重新组合出其所感兴趣的信息。如此一来，这种信息就能够在文本、画面、影像和音乐等信息之间形成逻辑联系，并以不同的形式描述同一种东西，而各种不同的个人情感体验也因此触动。如果第一次宣传的是用语言，观众不能理解，则换种方法，用照片、数字、图解；如果观众还是有疑问，则通过图片动态呈现，信息在媒体的传递中才能全面、完整地表达。

第七章 文化视野下的新媒体传播

"文化"是我国语言体系中自古就有的词语，表示传统社会文化对人性格的熏陶和道德的教育。文化是复杂的总体，它包含了科学知识、宗教信仰、文艺、美德、法制、风俗习惯。伴随着互联网科技的日益完善，互联网模式也将不断成长和改变。新型全传媒科技已成为当前文化产业高速增长的有力保障，它又通过新媒介方式为中国文化产业的蓬勃发展创造了全新的服务平台，孕育了文化产业的关键组成部分和新兴产业，推动着中国公共文化产业发展圈的更新换代。全传媒时代的来临，为破解当前文化产业资源的有效供给难题，提供了全新的发展途径和挑战。

第一节 新媒体时代的跨文化传播

一、跨文化传播的含义

跨文化传播，既是指处在不同文化背景下的世界社区成员间的人际关系和资讯传递活动，又包括了不同社会主义文明要素在世界社区中的相互转化、传播、变化过程，以及对各个族群、文明、国家以及人类共同体产生的影响。它关系着两个层面的传递：第一，日常生活层面的跨文化交流传递，主要指来自各种文化背景的社区成员在日常生活交流互动中的融合、对立、冲突及其处理方法；第二，人类文化交往层面的跨文化交流传递，主要指基于文明体系的差异性，各种社会主义文明间进行交流和相互作用的过程与影响，以及由跨越文明的传递过程所决定的社会主义文明融合、发展和变化。

跨文化传播也离不开相应媒体的支持。在中国传统媒体舆论主导时期，跨文化交流传播多采用面对面的交流方式或通过纸质媒体、广播、电视节目等大众媒体形式来进行。不过随着新媒体传播不断发展壮大，更多的跨文化交流传递方式也走向了新媒体传播途径，比如网络新闻网站、网络社会化媒体、全世界范围内的互联网服务等。

二、新媒体与跨文化传播

网络等新媒体的跨文化传播，在传播主体、传播途径和传递功能的多样化和便捷性等方面都带来了前所未有的便利。

第一，跨文化传播是在由互联网所形成的虚拟现实中完成，随着传播的拓展，及时性更高，互动性更强。

第二，中国文化的变迁或变异也比较明显：分为渐变和突变、进步与衰退、文化融合等几种类型。

第三，把个别的地方文化的优势转化为全人类共同的优势，资源共享被最大程度运用。

第四，网络上的交流更注重求同存异，平等对话。

第五，由于互联网是世界领先的文化资源，在传播上中国可以比发达国家拥有更大的话语权。

　　网络等新媒体技术在跨文化发展中能发挥作用的方式也远不止于新闻网络，还能够实现包括视频网络、社区网站、聊天室、电子商务等的各种互动途径。在跨文化传播实践中我们应善于发现互联网新媒体的强大能力，实现跨文化媒体功能最大化。

　　跨文化媒体很长一段时间内都停留在官方阶段，而媒体除了大众传播的作用以外还有巨大的人际扩散作用，这点在社交网络时代中也被无数次证实。一个受到大众重视的内容在社会化工具中能够获得一定的传播速度和影响力量，这是传统媒体难以企及的。所以，假如有一个能够打破语言边界的全球化社会媒体为我们所用，那么我们的跨文化发展便会获得了一个有效的路径。

　　国际文化宣传领域，一直以来都处于"西强东弱"的状态。西方文化文化势力通过网络的力量传递着西方国家的价值观念、意识形态和思想方法，持续地对非西方国家实施着文明输出。所以在应对西方国家强大的西方文明攻势之际，我们应该时时保持警惕的心态，对其中先进的传播理念和传播技能用开放心态加以掌握，对低级平庸的文化和消极的思潮要积极摒弃和抵抗，争取在全球环境中维护我国跨文化交流传播的话语权。

第二节 大众文化的新媒体传播

一、大众文化的不同定义

对于大众文化的定义，目前西方学术界已经给出了至少六个不同定义。

第一，大众文化是为人类所普遍喜爱的文学。这个概念更注重于受众群在数量上的绝对优势，而并未考虑价格判断。

第二，大众文化指在形成了高雅精神以后产生的艺术。这是注重它和高雅艺术的明显差异，而忽视了两者的复杂联系。

第三，消费大众社会文化是指带有强烈商业文化特色的、以没有辨识力的企业公众为主要对象的群体文化。这里基本上是从批评与否定意义上了解大众文化，而无视了其潜在的积极价值。

第四，大众社会文化是指国民与国民之间的共同文化。此处提到大众文化是由民众自身创造的，并没有说明这个创造过程所引起的对人文语境的深刻制约。

第五，主流文化是社区中从属族群的反抗和领导族群的整合力量内部互相抗争的地方。这种定义并没有完全将大众文化理解为一个文学实体，而只是理解为不同族群内部的"霸权"争夺战斗。

第六，中国大众文化文学是在后现代意义上的，消融了传统高雅文学与普通大众传统文化之区别的新文学。这凸显了近年来大众文化和高雅艺术之间的融会或互渗现象，并很可以由此忽视其特殊性。

对上述定义分析之后，我们就大致上可以知道大众文化的基本轮廓：流行文化的一种特殊类型，它大致上是指出现在当代大都市的，与当代重大工业生产有关的，以国际化的现代媒体（尤其是计算机媒体）为重要内容大量产生的，并采用时装化运作方法的当代文化产业。大众文学指以大众传播媒介为工具，遵循市场规律进行，力求让一般公众得到生活感性快乐的体验活动，一般涉及通俗诗、普通报刊、畅销书、流行音乐、影视剧、动画片和广播等。

二、大众文化的特征

（一）商业性

任何一个大众文化都是特殊的东西，它被带到社会上去进行买卖以达到最高的经济效益。商业属性已经凌驾于大众文化一切之上，成为最根本的特征所在。大众文化的文化所应该具有的文化价值、情感价值，却在不断地被商业利润所侵蚀、蚕食，成了假文化与伪情感。正如所有文化本身的美学特征一样，大众文化并不承认情感价值，而是以在商场上的叫卖声为标志。

（二）感官愉悦性

为了满足广大消费者，当代大众文化以追求大众感觉快适的直观性为基础，通过一种欲望式的叙事方式，对广大消费者的情感进行各种冲击与按摩，以满足他们在生理方面的需要，比如暴力、煽情、拳头、枕头、无厘头等，一个人的自然需要而不是文化需要。

（三）复制性

一个好的艺术作品得到社会大众的广泛重视，但人们对它的渴求往往暗含巨大的经济效益，使得生产完全可能舍弃由其唯一性产生的艺术价值，反而以更大批量的艺术产品将之兑换为交换价值。它的产品都是经过高度标准化的生产流水线而大量地重复过来的，这也造成了中国当代大众文化外在形象的机械、单调、统一。

三、大众文化的新媒体传播

在新媒体力量的推动下，大众文化得以迅速成长，它以某种未曾发生的新方式关注着大众当下的现实生活和真实活动，它的世俗化、草根性和娱乐化也在日益弥漫，其他文化、精英文学的话语霸权地位也不断遭到其侵蚀，而教化文化对其的阻碍也在不断减少。与此同时，这也使得文化"把关人"的权利产生了相应的削弱，媒介资源与话语权的分配较过去也更为透明公正；这种创新模式对一般观众的表演欲与明星梦想都提供了良好的环境，扩大了空间。

（一）网络大众文化的"粗口秀"表达方式

网词表达的语句通常简洁、口语化，有时候甚至出现大量粗语、俚语，最接近于大众话语习惯，也表现出大众话语的高亲和力。另外，通过私人性表达的公共性传播，使社会生活中的世俗性事件占有了新媒体传播中主要话题的地位，而世俗性的传统文化主题也是新文化大众性的基本内涵。

（二）互联网大众文化和"读图时代""视频时代"的消费文化

图文和影像的直接、刺激、方便、简洁，"快手""秒拍""小咖秀"等移动终端短影片的普及，都又一次次印证互联网对大众文化的接触已趋于快餐化。

（三）网络大众文化能透视互联网文化的本质作用

弹幕是能直接显示在电视上的内容，即收看电视的观众发出的简短言论，通过滚动、停留片刻甚至动画特效形式呈现在电视上。网友们机智的点评使得观众在观看片子的过程中充满趣味。

第八章 新媒体的视觉艺术

第一节 新媒体的视觉传达

一、视觉传达

人们对世界的认识范畴在极大程度上依赖着听力和视觉这两种功能，因此对眼睛和耳朵这两种人体器官都有着得天独厚的近距离测试能力。但这个结果并不是凭空捏造，有关行业的科研人员已经经过了大量的数据调研证实：当客观了解这个世界时，人们通过视觉功能所收集到的信息占了全部信息的70%左右，而其余的30%左右的信息都是通过听力功能所获取的信息。由于视觉器官显示出了巨大的直观性传达效能，对人类产生的冲击力和影响力远比其他功能器官产生的影响更大。视觉效应可以克服其他器官所带来的缺陷，并真正使人类感受到了它在信息社会传递机制中所无法比拟的重要地位。

视觉传达设计是在17世纪中叶以来欧美的平面艺术产品设计的基础上逐步蓬勃发展开来的，但其实它是对平面设计和图像艺术产品设计的进阶与延伸。在当今的互联网这个真实世界中，由于科技的蓬勃发展和人们生活的进步，我们已经感受到了视觉效应所产生的革命性作用。当今世界的普通民众都能够通过视觉艺术以及媒体进行资讯的传播、情感的沟通，以及文化的体验，这都有助于人们克服语言不通与文化上的隔阂；并通过对"图"——图像、图案、图式等的视觉艺术认识获得文化认知与交流。

视觉艺术传播包含了两种基础观念，即"视觉艺术记号"和"表达"。"视觉艺术记号"一般都是指通过人的视觉器官才能体会到的东西现象和物质，比如妙趣横生的经典剧目、跌宕起伏的电影故事、金碧辉煌的建筑群、栩栩如生的人物肖像，还有细腻唯美的摄影技术和色彩不一的画面等，都是通过人类视觉器官才能感受到的，而这些也都是作为视觉艺术记号的基础观念。视觉传播的另一种基本概念——"表达"，一般是指一方面通过某些记号形式向另一方表达的途径，它不但可能在人与人中间互相表达，而且还可能在个体内得以流传，比如人与人相互之间的讯息交往，人与环境相互之间的交往乃至人与自然的和谐共处，都离不开"表达"这一关键纽带关系。它包含"谁""把什么样""向谁表达""结果""后果怎样"等五大步骤。

视觉表达是指人类借助视觉器官在人与人之间进行沟通的手段，而世界各地的人类也都能够借助媒介所形成的可视语言实现讯息的传达、思想的沟通，以及情感的交流。而视觉的传达并没有因为语言的差异而造成沟通困难。现如今，新网络技术通过大量的图像、图式、数码影像、音频等的新功能，使人类在视觉的交流上取得了共识。比如，数字网络让人类能够足不出户便可利用视觉传达在网络的虚拟世界中，体验异国风光、美味佳肴，以及跨文化交流的感受。

二、新媒体视觉传播发展现状

在数字化技术高速发展的时代，传统视觉传达设计将它原来的内容加以补充，进而迈向了更广泛的应用领域。数字艺术、网页交互、多媒体广播、数字影像等领域开始诞生，而在传统现有的视觉艺术形态正被数字视觉所不断质疑的情形下，数字视觉也在对传统视觉传递设计展开着更深入的外延。多元化的视觉艺术观念，昭示着传统设计门类正在逐步被全新的视觉艺术表达方法所打破，从而形成了一个以传统设计形态为基石的新型媒介体系，运用新型媒介形态与新手段拓展出新的应用领域，从而对传统视觉传达设计加以延续和发扬。而这些新型媒介体系往往综合利用了文本、音频、图形、动漫、影像等各种新媒介类型。在现代网络与交互技术的支持下，以新型媒介语言作为在新媒体、新科技条件下一个更具备了自己特色的表达方法，使得作品更具有了一定的互动性与主动性，从而达到了真正意义上的全方位、多感官的讯息传递。

例如，在台北的"故宫博物院"举办了一个名为"乾隆潮"的新媒体画展。这是一个用声、光、影、像所创造的神奇世界——把具有"帝王品位"的乾隆时代出土文物与现代"通俗历史文化"做一次超空间的交流，采用街头美术、人物装扮、卡通、动漫、电音、电玩等手段予以展现，对乾隆的艺术品位做出了崭新的演绎与再创作。

一个新的媒介艺术创作，需要经历以下五大步骤：连结、融合、交互、转换、出现。经过连结，并将整体融合于当中（而非只是在远处观察），从而使整个系统和他人发生了交互，这就会使得整个艺术作品的意义转换，最后产生了完整的图像、关系、观念和经验。我们通常所说的新媒体艺术作品，通常就是指在电路通信和网络上的创作。而最有趣的新媒体艺术作品，将是指"干性"硅晶计算机科学和"湿性"生命科学的融合。这个刚刚兴起的新媒体艺术作品被称为"湿媒体"。新媒体艺术作品的创作形式虽然多种多样，但它们的重要共同点却只有一条——人们通过与作者相互之间的直接交流，而影响了新艺术作品的画面、形象甚至意境。他们以不同的方法——接触、空间位置、声响等方式引起了艺术作品的变化。无论是与作者间的连接方式是通过按键、鼠标、光线或声响感应器，又或者是通过更繁复精密，又或者是无形的"扳机"，用户们和艺术作品相互之间的联系首先是在于交互。而连结性乃是指跨越了时间的藩篱，把世界各处的人连接在一起。在网络世界中，用户们能够随时充当着各种不同的角色，通过查阅远方的数据库、知识资料，认识异国人文，从而形成自己的社会。

第二节　新媒体艺术的视觉表达特征

一、多元性的视觉传达方式

在原来的传统视觉表达基础上，新媒体与新技术手段有了更为多样的视觉表达领域，这种视觉表达方式作为新媒体条件下的一个视觉"特产"，它往往以网络和交互技术为媒体，融合文本、图片、音频、录像、动漫等形式，让受众们真正地对资讯处理具有相应的兴趣与交互，使得全面、多感觉的信息传播得以完成。

二、人性化的视觉传达形式

信息媒介化是在各种新媒体手段和多媒体技术结合的情况下，为一个大平面（空间）上多种、多层信息同时显示提供的机会。浏览者能够根据个人偏好对其中的信息进行扩大、压缩、排序、组合，而不再受大小的预设方式所限制，同时个人对信息的管理也具有了更强的自主性，在整个视觉传递流程也具有了更强的趣味性，从而体现出了信息传递流程中的个性化风格的一面。

三、交互性的视觉传达行为

在向传统媒体获取信息的各个环节中，以消息传递者为主体，而消费者则只是被动地接收信号。借助大数据手段、影像技术等，新媒体得以更广泛地应用，也在极大程度上改变了这个现状，消费者对资讯的掌握已不单单是简单的资讯收集，更提高了个人积极性，也参与了资讯传播、创造价值的活动，从而产生了人机互动效应。互动性也是新媒介自带的重要新特性，将过往以视觉感受为中心的评判与决策转变为以心理特点为中心，这些独特的互动性也是更多的消费者使用新媒介的重要原因。

第三节　新媒体艺术的表达方式

一、组合

组装和拼装，是当代艺术的最基础的语言表达形式。以数字技术和媒介设计为基础的新媒体艺术，在展示手段上和语言表达方式上也离不开组合、安装、组合和拼贴等相关技术。图像与影片剪辑的各类"非线性"电脑应用软件，都采用了既简单又实际的数学处理方式。当利用数学技术加以综合和集成后，能把离散的材料或个别的材料，重新编辑为一种独立的整体和完美的艺术。于是，将新媒体艺术作品的数字手段由影像拼接技术扩展至装置艺术作品和网络艺术作品当中，从而产生了与当代艺术作品的共同语言表现形式：合成、装配、编排、并置等；像影片的蒙太奇式剪辑方法，其实都通过合成、安装与镶嵌方式，把两种以上的图像结合到一起，从而形成了不同于原来图像的新效果。它既是影像方式，又是图像方式的重要表达方式。多媒体技术的结合方法，有在电脑屏幕内的画面、图像性结合，比如PS、数码编辑、数码组合等；也有画面外部的原材料性结合。组装和镶嵌，但并非把物体单纯地加以堆砌与叠加，而是按照不同的原理展开，所使用的原始材料相互之间的联系可以是相同的，以形成视觉语言的共同联系；也可能是完全相反的，以形成更强烈的视觉刺激。总的来说，在组合和拼贴的造型要素之间都存在着一种逻辑关联，而这个逻辑联系既可能是视觉上的，也可能是思想方面的。

二、转换

转化，又叫作置换，是当代艺术中一个基本而常用的表达方式。它主要是采用移借或利用新的技术和方法，把不同的东西从材质上、数量上、空间上乃至时代上的多个角度加以重新组合，从而转化为一种全新的东西。随着新媒体技术在数码技术优势和媒体特性的强大帮助下，转化的方式也变得越来越多样和便捷了。借助于艺术家对事物特性的转变与强化，它还能够利用数码技术，把某些已知东西的外在性质、数量、类型、材质等做出相应的变化，将"此"物象转化为"彼"的东西。画家对原来东西所做出的修改（有些互动性新媒体艺术作品或者是由观众参与所做出的修改），可以让观者将信将疑地对原来东西在被修改前后彼此的关系做出重新思考与独立评判，进而让当代艺术与新媒体艺术中的观者之间形成心灵的共振，从而可以隐喻画家的某些观点或想法，从而领会艺术品所要传达的深刻含义。

三、拟像

拟像亦叫戏拟、戏仿，指艺术设计师以虚构的造型方式模仿了真实世界的物体存在着一种具有多层特性的行为，并通过对各种不同方式的转换，用自己的一种形式表现出了物体的基本特性，从而得到了观者的理解和接纳。

通过公众媒介所见到的这个世界，并不算一次现实的社会，甚至是因为我们只能通过公众媒介来认知社会，真正的现实早已不复存在了，我们所见到的是媒介所创造的、由被操控的符码组成的"超现实"社会。这是新媒体艺术在数字方式控制下的本质特征。通过对一切方式模拟事实的仿真，任何东西都能够从（数字）媒介技术中产生，东西也能够从现实虚拟世界中得到产生，而虚拟的真实用一种方式和符号代替了现实的真实，所以现实世界也就是由方式和符号所决定的真实世界。也就是一种新媒体技术的现实世界。所以，方式和符号也就成了人们控制这个真实世界的主要手段。

四、重复

反复的表达方法主要表现在两方面：一方面，在艺术创作中，艺术家将创作的素材进行了重复多次的排列与组合，即同一素材在重复中共同使用在一个作品中，也是对素材的一次重复使用；另一方面，指艺术创作语言方法的重复性表现，即在艺术创作过程中艺术家使用了多重转换的语言方法将原有的材料进行一而再，再而三的转换并加以反复叙述，在不断反复转换过程中，艺术家的创作观念也得以显现出来。复制和编排的方法在某种程度上也能够产生机械重复的感觉，但无论规则或者不规则的变化，通过复制或编排方法所产生的机械复制感觉往往更强化了艺术家的主体意志，也恰恰是这些人为的机械重复感觉产生出了无法抵挡的视觉力量。

第四节　新媒体的审美艺术

新媒体艺术的成功案例使我们看见了富有开拓精神的前卫画家们做出的大胆尝试，而技术的发展无疑为这种尝试注入了一针强心剂。摄影视频艺术、设计美术、虚拟现实、网络游戏、计算机科学、数码图像、实验音响，乃至人工智能、大数据分析等内容都是当代艺术的重要涉及领域，并反映出了当代人类文艺心理需求的最新特点。

一、震撼与沉浸——多维感官审美

从文学和媒介之间的相互关系可以将人类历史分成书面时代、印刷时代和影音时代。毫无疑问，从 20 世纪下半叶起，人们就已从过去以读和写作为接收和传递知识信息的主要方法，逐渐转化为以看和读为主要方法。而数字化信息技术与媒体的空前发达重新塑造了人的情感形态，使艺术产生了变化。而单纯的文字传达方法也早已无法适应现代人的情感需要，因此艺术感知的表现形式即便不是触觉的，但走向多维和综合的方向是不争的事实。毫无疑问，我们的世纪早已超出了视觉艺术时代而日渐变成多元媒介和多元感觉时间。后现代的一大特征便是大众社会文化和商品逻辑向文化生产范围的渗入，所以后现代艺术作品已不是现代艺术那般具备精英文化特征，而体现出了对民众和生活的关切。民众需要散心，艺术作品却需要专心，民众与艺术作品的这一问题在便利的机械复制时期获得了解答，伴随着复制而来的灵光消逝，艺术作品借助于现代科技产生的震撼效应"潜入"民众，进而满足用户"散心"的需要。新媒体艺术，正是通过现代化的媒介手法冲破了以往对视觉艺术的简单表达方法，营造出多重感官的情景与气氛，并产生强烈震撼效果让观者沉浸其中。

二、偶发、拼贴与碎片——非线性审美

早在 1863 年，法国波德雷尔就已经敏锐地察觉到，现代化工业艺术的主要特点之一，就是短暂、流变的偶然发生。拼贴、碎片形成，是碎片式艺术非线性的主要审美特点。非线性艺术的叙事形式始于电影的蒙太奇技术，而这种偶发性和间断性的叙事形式作为新媒体技术中广泛运用的美学语言，更加突出了非线性艺术的心理感受。将超媒体分为文本、视频、照片、动画、音频和图文声光，它们的元件和组织都是离散的，由相关信息把这种离散的元件和结构连接了起来。如果常规的线性叙述更重视于文本的内在联系与语义的汇聚性，而非线性结构则更加关注于文本的对外联系，其含义将更富有发散力。

三、数字化与虚拟空间——非物质性审美

新媒体艺术的非物质性艺术体验主要来源于两个层面，第一是艺术作品形式的非物质性，其次是通过数字化艺术方式所创作出的虚构空间。正如克罗齐所指出的，由于艺术作品形式并非物理的，所以艺术品的意义也无法通过它的材料去体现。艺术作品的最直观表现，传递的是人的观念、情感，把存在者的真实自我设置入艺术作品。所以，人们可以发现，从 20 世纪后期开始的美术活动越来越突破了材料与介质的范围，并更加注重于思想的表现。在这种用数码统一信息的年代，艺术作品的呈

现形式也开始由物理原子变为了比特，并呈现在电子屏幕中。

四、情感传达——耦合式审美

新媒体艺术的文化藏品不仅是实实在在的展示材料，更是承载着人们深厚文化底蕴与深沉情感的重要载体。人的意识与其所产生的情感相互之间存在着紧密的关联，情感因素也直接关系着人对事情的理解水平。当观者在接受一件新媒体艺术品时，往往会根据展示的文化内容进行第一眼的判断，由最原始的好奇到驻足观赏都会出现多种心理反应，这也正是人们情感表达的基本前提。新媒体艺术因为互动性与超时空性，它不仅是一个闭合的体系，而且是持续演化的开放性系统。观者对表现客体的认识和表现形式深入其情感和文化生活的实质方面，并推动着作品和观者相互之间情感的交互。许多时候，因为人们情感本身是难以衡量的，新媒体艺术以形象为媒介，借助丰富的感知与联想，被观众不断地咀嚼、揣摩、玩味，情感感受在此过程中扮演了至关重要的角色。此审美活动中或许还有许多其他要素参与，但最重要的还是情感感受，在某种意义上说无情就无美感可言。

参考文献

［1］ 叶平,罗治馨.计算机与网络之父[M].天津:天津教育出版社,2001.

［2］ 基恩.网民的狂欢:关于互联网弊端的反思[M].丁德良,译.海口:南海出版公司,2010.

［3］ 石磊.新媒体概论[M].北京:中国传媒大学出版社,2009.

［4］ 黄传武.新媒体概论[M].北京:中国传媒大学出版社,2013.

［5］ 郭庆光.传播学教程[M].北京:中国人民大学出版社,2011.

［6］ 菲德勒.媒介形态变化:认识新媒介[M].明安香,译.北京:华夏出版社,2000.

［7］ 宫承波,翁立伟.新媒体产业论[M].北京:中国广播电视出版社,2010.

［8］ 陆地,高菲.新媒体的强制性传播研究[M].北京:人民出版社,2010.

［9］ 安德森.长尾理论[M].乔江涛,译.北京:中信出版社,2006.

［10］ 殷俊,袁勇麟.新媒体产业导论:基于数字时代的媒体产业[M].成都:四川大学出版社,2009.